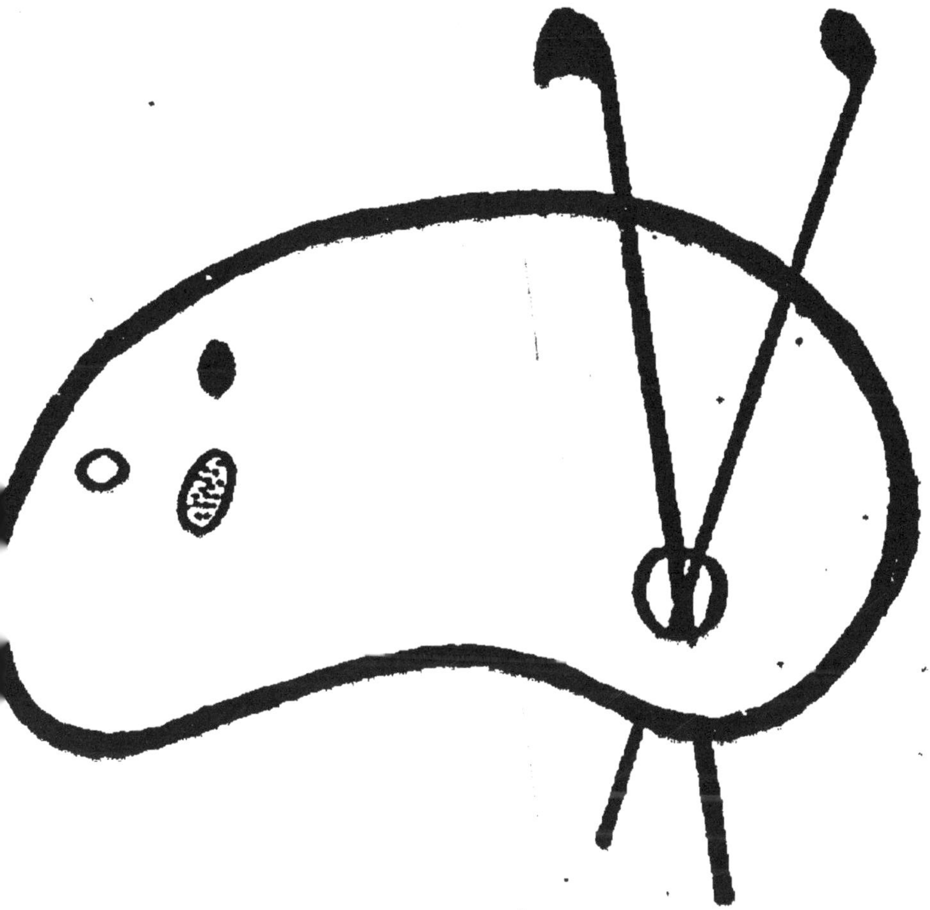

DEBUT D'UNE SERIE DE DOCUMENTS
EN COULEUR

LE MAROC ÉCONOMIQUE

ET AGRICOLE

PAR

François BERNARD

PROFESSEUR D'ÉCONOMIE POLITIQUE
A L'ÉCOLE NATIONALE D'AGRICULTURE DE MONTPELLIER
CHARGÉ DE MISSION AU MAROC

Avec une Carte hors texte

PARIS
GEORGES MASSON, éditeur
Boulevard Saint-Germain, 120

MONTPELLIER
COULET ET FILS, libraires-éditeurs
Grand'Rue, 5

1917

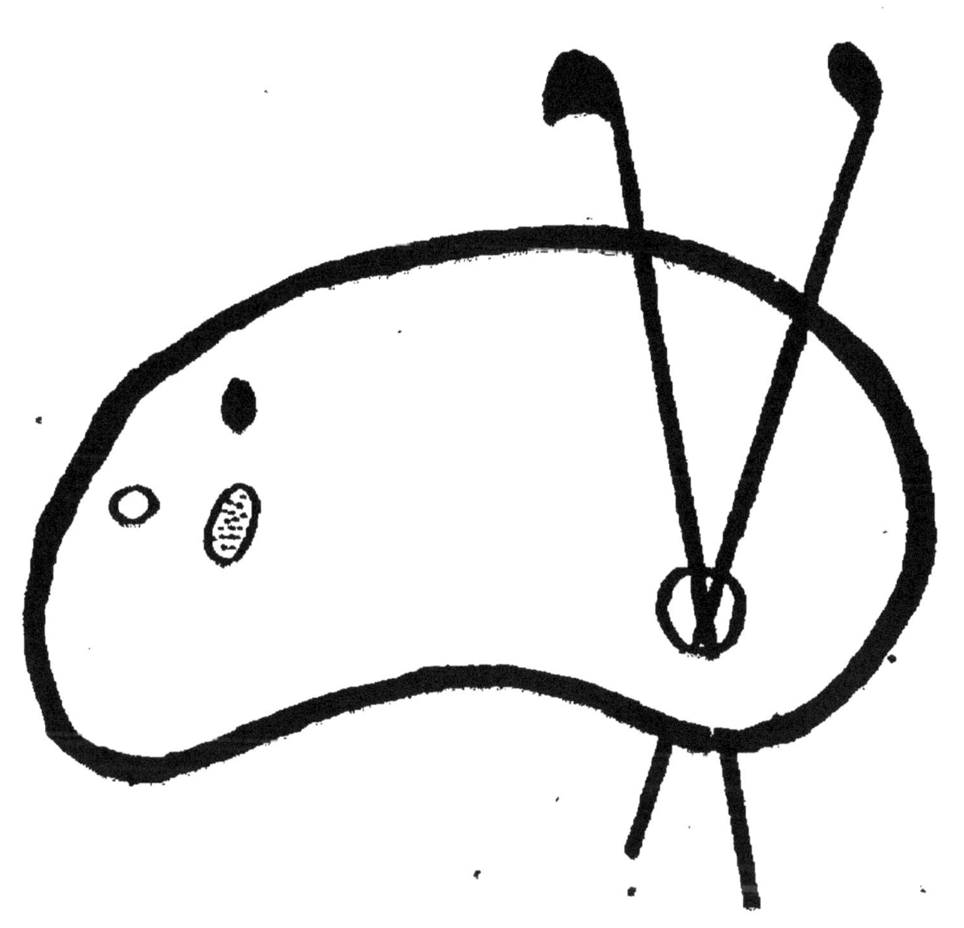

FIN D'UNE SERIE DE DOCUMENTS
EN COULEUR

LE MAROC ÉCONOMIQUE

ET AGRICOLE

Autres Ouvrages du même Auteur :

—

Les Systèmes de Culture. Les Spéculations agricoles 1898. — Paris, G. Masson ; Montpellier, Coulet, éditeur.... .. Prix : 4 fr.

Pourquoi et comment coloniser ? — Paris, 1905, Arthur Rousseau, éditeur.............. .... Prix : 3 fr.

LE MAROC ÉCONOMIQUE

ET AGRICOLE

PAR

François BERNARD

PROFESSEUR D'ÉCONOMIE POLITIQUE
A L'ÉCOLE NATIONALE D'AGRICULTURE DE MONTPELLIER
CHARGÉ DE MISSION AU MAROC

Avec une Carte hors texte

PARIS	MONTPELLIER
GEORGES MASSON, éditeur	COULET ET FILS, libraires-éditeurs
Boulevard Saint-Germain, 120	Grand'Rue, 5

1917

Par décision du 22 avril 1916, le Résident général au Maroc me confiait une mission, « en vue d'étudier les ressources du pays et l'avenir qu'il présente au point de vue de l'expansion économique française ». Ce livre est né de cette mission. J'en ai fait une étude économique assez complète sur le Maroc — presque un guide pour l'homme d'affaires et pour le colon. Aucune question essentielle ou pratique n'a été laissée de côté — telle a été du moins mon ambition.

Mais, par contre, les origines politiques du Protectorat sont à peine indiquées ici; la géographie et l'histoire en sont complètement absentes. Quand on étudie le Maroc moderne on veut surtout s'enquérir de ce qui y a été fait et de ce que l'on peut et doit y faire. Je n'ai donc poursuivi qu'un but utilitaire, et c'est sous cet angle seulement qu'on peut juger ce travail. C'est pour cette raison aussi que les questions de colonisation agricole ont été plus spécialement développées.

Mon enquête a été personnelle, tant dans les bureaux qu'auprès des colons expérimentés. J'ai parcouru le pays, questionné et noté aussi exactement que possible. Mes premiers documents informateurs m'ont été fournis évidemment par l'Administration elle-même qui a été prodigue envers moi, soit par ses brochures, soit par des statistiques ou des mémoires qu'elle a bien voulu me communiquer. Toutes les directions ont été mises à contribution également, mais cependant je dois des remerciements plus spéciaux à M. Malet, directeur de l'Agriculture, du Commerce et de la Colonisation, qui a singulièrement facilité ma tâche et qui a été pour moi d'une complaisance inlassable. En raison même de ce mode d'enquête et de la limitation de son objectif, la bibliographie ne m'a servi que peu pour la rédaction.

Familiarisé déjà avec les questions nord-africaines, par de nombreux voyages d'études en Algérie et en Tunisie, il m'a fallu néanmoins ici une adaptation marocaine spéciale de la plupart des questions qui se présentaient. Je voudrais avoir réussi.

L'avancement des travaux publics dans un pays neuf parle aux esprits les moins prévenus ; il ne dépend que de l'état des finances qu'il a fallu, dans ce pays, organiser par la base. Mais, après les routes, les chemins de fer, les ports, les postes, qui ne sont que des adjuvants, il faut stimuler la colonisation et l'agriculture. La colonisation urbaine a été facile, l'esprit public a suivi l'impulsion du Protectorat au delà de toute espérance ; ses débuts sont brillants, et la spéculation même qui s'en est mêlée n'a guère que mieux accusé ses progrès. Quant à la colonisation agricole, plus fondamentale s'il se peut que tout autre mode d'activité, elle commence à attirer sérieusement les capitaux français et à donner ses premiers résultats.

Tout le vieux Maroc a été entraîné dans un renouveau merveilleux, car tous les progrès sont solidaires ; la législation, l'organisation administrative, la réforme de l'impôt, la justice, le régime de la propriété, l'enseignement, tout a marché de pair; les intérêts des classes indigènes n'ont pas été négligés; l'esprit de réforme a soufflé partout, apportant avec lui l'ordre et la justice. Cette activité réformatrice est loin de s'arrêter; je n'en ai guère fixé qu'une photographie du moment (1916-1917). Et, dans peu de temps, il faudra recommencer cette enquête avec plus d'ampleur encore.

En 1912 le Maroc était un pays amorphe, un Etat embryonnaire, chaotique, enlisé dans le passé; en cinq ans, le Protectorat en a fait un pays moderne qui a commencé son évolution économique, qui doit la continuer encore longtemps, mais qui marche à pas de géant dans la voie du progrès matériel et moral, sous l'égide de la France. D'ailleurs, les éléments étaient bons; il suffisait de savoir, de vouloir et d'agir.

C'est précisément l'objet de ce livre de bien souligner l'influence, les résultats de l'œuvre française, si rapide, si pleine d'initiative, si variée, — parfait modèle de colonisation civilisatrice, et dont nous avons le droit d'être fiers.

Faire ces constatations, n'est-ce pas faire en même temps l'éloge de tout le corps administratif du Maroc et de l'esprit qui l'anime ?

Et maintenant, il faut faire du Maroc une province française; il faut que ce soient nos colons, nos capitaux, nos touristes qui le mettent en valeur. Il y a beaucoup de places à prendre, beaucoup d'industries à tenter, beaucoup de terres à féconder : il s'agit par là de compléter l'édifice colonial de la plus grande France.

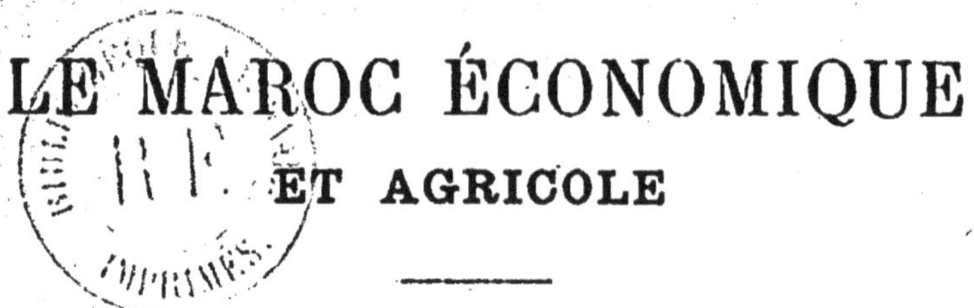

LE MAROC ÉCONOMIQUE ET AGRICOLE

CHAPITRE PREMIER

CRÉATION DE LA COLONIE

I. — Installation de la France au Maroc

Le Maroc est surtout une expression géographique : c'est le pays à l'ouest de la Berbérie, le Maghreb, sans limites précises, que les sultans eux-mêmes n'avaient jamais bien fixées ni conquises et administrées. Et c'est surtout la politique française en Afrique, de 1830 à 1907, qui l'a élevé au rang d'Etat faisant figure de nation pour en arriver à le dominer — logiquement d'ailleurs, car il est le complément naturel de l'Afrique du Nord entre Sahara et Méditerranée. Le sol, les populations, leur civilisation, leur langue, le climat, les cultures, les modes d'exploitation ne diffèrent que par degrés peu sensibles des éléments presque identiques qui se retrouvent en Algérie et en Tunisie.

Il n'existe pas de patrie des Musulmans, l'Islam est une entité, pas même une race, unie par la religion seule ; la division des territoires n'est qu'accident, le patriotisme n'a pas de base, il est remplacé par la solidarité religieuse. N'est-ce pas aussi, par analogie, la situation morale de ces autres Sémites, les Israélites, dont l'évolution a des origines plus anciennes et plus nobles s'il se peut, au regard de l'humanité ? C'est d'ailleurs pour cette raison que les uns et les autres peuvent se fondre si aisément dans diverses nationalités.

Et quant aux Berbères, en majorité ici, ils sont le peuple vaincu, soumis par la force, ils sont encore à conquérir par la persuasion, sans que le problème soit bien différent de ce qu'il était en Kabylie. Les classes dirigeantes indigènes mêmes sont souvent sorties des Berbères arabisés.

C'est en 1902 que la France contracte un premier accord avec le Maroc, c'est par l'arrangement du 8 avril 1904 que l'Angleterre nous abandonne ses prétentions éventuelles sur le pays en échange de nos revendications en Egypte. C'est alors que l'Allemagne manifeste son opposition à nos visées et provoque la conférence internationale d'Algésiras, qui aboutit à l'acte du 7 avril 1906, lequel consacre, comme principe, la situation spéciale qui revient à la France au Maroc. Et c'est cette convention signée par douze puissances européennes qui, encore aujourd'hui, tout en donnant une base diplomatique à notre effort, nous entrave jusqu'à se retourner parfois contre l'intérêt même du pays.

A partir de ce moment, directement intéressés à maintenir la paix, de nombreux incidents surviennent tantôt sur un point, tantôt sur un autre, qui nous obligent à intervenir — ce qui est le propre de toutes les installations coloniales dans la période d'occupation. Par mesure de sécurité, en 1907, le général Drude débarque à Casablanca et occupe la Chaouia, tandis que le général Liautey entre à Oudjda.

Mais bientôt, la preuve ne tarda pas à apparaître jusqu'à l'évidence que l'acte d'Algésiras, grevé de l'opposition persistante de l'Allemagne, plus souvent sournoise ou déguisée que franchement déclarée et basée sur un argument de fait ouvertement discutable, ne pouvait suffire à la France qui cependant, dès mars 1910, concéda au sultan Moulay-Hafid, le remplaçant d'Abdul-Aziz depuis 1907, la faculté d'emprunter par l'intermédiaire de la Banque d'Etat, créée elle-même à Algésiras, une somme de 101 millions. Cette amorce plutôt intempestive n'eut pas de conséquences heureuses.

On essaya de s'entendre directement avec l'Allemagne en 1911 ; celle-ci montra bien vite qu'elle prétendait aboutir à un condominium économique avec la France, condominium que nous ne pouvions accepter et que l'Angleterre récusa aussitôt.

Au printemps 1911, nouvelle et grave insurrection à Fés réprimée par nos colonnes en mai et juin. L'Espagne et l'Allemagne intervinrent à leur tour, la première en occupant Larache, la seconde en soulevant le gros incident d'Agadir, sur lequel s'ouvrirent des négociations longues, difficiles et pénibles qui aboutirent à la convention franco-allemande du 4 novembre 1911.

Cette convention comporte la reconnaisance explicite par l'Allemagne du protectorat français sur le Maroc. L'Allemagne déclare qu'elle n'entravera pas l'action de la France prêtant son assistance au gouvernement marocain, réorganisant le pays conformément aux principes modernes. Elle autorise les occupations de territoires reconnues nécessaires, elle admet enfin et surtout que le Maroc sera représenté au regard de l'étranger par les agents de la France. Toutefois des réserves sont faites en ce qui concerne l'égalité économique de toutes les nations au Maroc, les droits de la Banque d'Etat et la mise en adjudication internationale des travaux publics — non l'exploitation. Mais elle admet, en même temps, la possibilité de la suppression des tribunaux consulaires et la disparition graduelle des *protégés*. Des sacrifices territoriaux considérables faits aux dépens de notre Afrique Equatoriale sont le prix de la liberté d'action relative que l'Allemagne nous reconnaît au Maroc.

Comme suite logique à cet arrangement, on revise la convention franco-espagnole de 1904 pour la remplacer par celle du 27 novembre 1912, plus explicite et d'ailleurs plus favorable pour les deux parties, au point de vue politique.

La période contentieuse irritante de la question du Maroc semble terminée, c'est désormais l'organisation et le développement du pays qui domine tout. A la date du 28 avril 1912, le général Liautey est nommé commissaire résident général de la République française au Maroc.

Tous les gouvernements représentés à Algésiras ont naturellement reconnu notre protectorat, en signant l'acte de clôture de la conférence. Les Etats-Unis seuls qui avaient cru devoir se réserver viennent précisément d'y adhérer le 15 janvier 1917, en pleine guerre, pour nous donner une preuve de « traditionnelle et sincère amitié ».

Maintenant, laissant volontairement de côté tout ce qui appartient au domaine de l'histoire, je voudrais surtout juger le Maroc au point de vue de ses aptitudes économiques et de son développement possible. C'est dans ce sens exclusivement que j'ai orienté l'enquête à laquelle je viens de me livrer et que j'ai dû forcément limiter à la zone déjà pleinement occupée et soumise ; la partie plus agreste, moins connue, où les soldats n'ont pas encore achevé leur œuvre, n'est pas négligeable, loin de là, mais toute enquête de ce genre sur un territoire si mal connu resterait purement conjecturale, parce que prématurée : ce complément sera l'œuvre des années qui suivront et il y aura utilité incontestable à s'y livrer hâtivement, ne serait-ce qu'à cause des richesses minières qu'il recèle très probablement et qu'il y aura intérêt à mettre en exploitation sans retard.

Pour aussi longtemps que ces confins militaires resteront insoumis nous sommes contraints d'y tenir des troupes en campagne et d'y conserver le régime militaire dans l'administration. Aucun doute à cet égard. La pacification de l'arrière-pays est la garantie de la tranquillité dans l'ensemble du territoire marocain.

Les méthodes de colonisation se sont renouvelées depuis moins d'un demi-siècle; économiquement nous sommes plus distants de 1846, par exemple, que le dix-neuvième siècle ne l'était de la conquête romaine ou des invasions musulmanes. La force peut toujours installer des vainqueurs dont la supériorité pourra être plus ou moins durable ou éphémère, mais la conquête n'est assise que par les intérêts solidarisés et plus encore par les progrès sociaux, matériels et moraux qui sont assurés aux populations conquises. C'est donc par l'évolution économique d'un pays que l'on peut le mieux fixer et dégager les progrès de toute entreprise coloniale.

Et mieux encore, quoiqu'il soit bien difficile de donner ici, même en raccourci, une démonstration péremptoire de cette loi : nous, peuples supérieurs, avons le devoir d'enliser dans des intérêts matériels et moraux toutes ces populations fanatisées par une religiosité exacerbée, toute dévoyée maintenant, ne connaissant pas même la religion de Mahomet qu'elles invoquent, qu'elles ont remplacée par des fétiches, des idées toutes faites, inconséquentes et fatalistes, ne respectant que la force imposée, vivant dans l'ignorance et l'imprévoyance. Ce n'est que la création d'intérêts positifs qui peut les tirer de cette mentalité primitive, les secouer un peu et leur inculquer une notion plus exacte de la vie moderne des nations aussi bien que de l'accroissement du bien-être individuel.

Au point de vue économique, notre action réformatrice au Maroc reste dominée par l'acte d'Algésiras qui porte, il ne faut pas l'oublier, la date du 7 avril 1906 : les recettes douanières restent engagées au service de la dette, — les ports espagnols contribuant à cette garantie pour une part proportionnelle à celle qu'ils fournissent dans l'ensemble, — le chemin de fer Tanger-Fès qui traverse la zone neutre, la zone espagnole et la zone française, reste concédé à une compagnie unique dans laquelle la part de la France représente 60 p. 100 et celle de l'Espagne 40 p. 100 ; les traités diplomatiques, les traités de commerce des anciens sultans subsistent, ce n'est qu'avec le recul du temps que nous pourrons reprendre notre entière liberté.

Au moment où tout est prêt pour installer une administration nouvelle, définitive, et l'on s'y emploie avec une fiévreuse activité, la grande guerre européenne se déclanche et l'incertitude reparaît avec l'instabilité. Il faut qu'une volonté énergique se manifeste, souple, adroite et dirigée par un esprit de suite inlassable. Heureusement cette volonté ne fit pas défaut. Le général Liautey choisit son personnel et agit. L'organisation nouvelle est donc, non pas improvisée mais étudiée, mûrie et adaptée au pays malgré le trouble des esprits et l'insécurité du lendemain. L'assurance que l'on a montrée, la confiance que l'on étale, calme et rassure tout le monde et le pays se relève si bien qu'il ne pense plus qu'aux affaires, s'adonne aux longs espoirs, à la réalisation d'un idéal pacifique; c'est sous ce jour qu'il m'est apparu du moins pendant que je le parcourais pour l'étudier.

Ce m'est d'ailleurs un devoir et une satisfaction de constater à ce propos que le protectorat est très actif, qu'il a pris à cœur son rôle de stimulant dans toutes les branches où son influence peut se faire sentir utilement. L'enseignement, l'hygiène, ne sont pas plus négligés que les routes, les ports et les chemins de fer. L'indécision, les atermoiements sont à peu près inconnus de l'administration. On va de l'avant. C'est là le meilleur chemin du progrès, pourvu que la prudence y garde sa part. Et c'est ce qui m'a le plus frappé dans les deux mois du séjour que j'ai fait au Maroc après avoir eu antérieurement la possibilité d'étudier avec assez de précision la colonisation des deux colonies voisines similaires, l'Algérie et la Tunisie.

J'ajoute même que le protectorat a la mission étroite de susciter les entreprises nouvelles qui favorisent le développement économique du pays, de leur faciliter leur installation, au lieu de rester témoin indifférent comme autrefois : son concours se trouvant rémunéré naturellement par le progrès de la colonie et, par voie de conséquence, par l'amélioration graduelle de ses finances.

Tout est à créer au Maroc, tout est à refaire, à réorganiser, à réglementer. Jadis, en Tunisie, la France a pu se baser pour réorganiser le pays sur la législation récente d'un grand réformateur, Khérédine, — peu obéie mais admirée.

Ici, rien de semblable; c'était la méconnaissance de l'autorité, l'incohérence, la concussion et les abus traditionnels érigés en moyens de gouvernement, qu'il fallait supprimer pour le présent et empêcher pour l'avenir. On s'y est pris méthodiquement en étudiant chaque question isolément et en adoptant pour chacune d'elles, autant que faire se pouvait, la solution la plus simple qui s'adaptait la mieux aux mœurs locales, bouleversait le moins possible les habitudes acquises, les traditions, tout en ne craignant pas d'innover cependant quand c'était nécessaire.

Pour ces multiples raisons il faut, après trois ans seulement de protectorat, non plus regarder en arrière, mais s'en tenir à l'actuelle organisation donnée au pays, à laquelle n'a participé aucun parlement, mais qui a été conçue par quelques conseils consultatifs de circonstance et un corps de fonctionnaires stimulé à propos et dévoué. L'œuvre n'est pas achevée, tout n'est pas parfait, mais, dans l'ensemble, la France peut être fière de ce qu'elle a accompli. Le pays était obéré, ruiné, on l'a relevé en le tirant de l'anarchie et en rétablissant l'ordre et l'autorité; les indigènes eux-mêmes reconnaissent les bienfaits acquis. Aucun jugement contraire ne serait raisonnable.

L'immatriculation, les travaux publics, le contrôle des douanes, le *tertib*, sont l'aboutissement d'une série de conceptions qui méritent les plus grand éloges.

La colonisation propre vaut d'être examinée à part, car l'administration n'y intervient que comme guide, conseiller et stimulant.

II. — Géographie

Je me dispense ici de faire la description géographique du pays, quelques chiffres pris dans la zone pacifiée seuls suffiront.

Le Maroc politique s'étend à peu près du 4e méridien longitude orientale, le long duquel il confine à l'Algérie, jusqu'au 12e, et moyennement du 30e parallèle au 5e latitude nord. On peut estimer sa surface à 500.000 kilomètres carrés, soit presque celle de la France. Mais ce territoire est très inégal en valeur : il renferme des parties extrêmement montagneuses et d'autres désertiques. En chiffres ronds, la surface totale du Maroc occidental soumis actuellement au protectorat et exploitée sous notre contrôle, est de 8 millions d'hectares sur lesquels 2 millions sont en cultures et 500.000 en territoires forestiers. Il faut y joindre le Maroc oriental et d'autres régions isolées, ce qui nous conduit à constater que les expressions : surface territoriale, surface agricole, étendue des cultures, n'ont encore aucune signification statistique précise ; l'établissement du *tertib* (1) introduira graduellement plus de clarté dans quelques-uns de ces éléments. Inutile d'ajouter que les surfaces exploitées aujourd'hui devront être multipliées par 2 ou 3 dans le quart de siècle qui va suivre. Nos évaluations actuelles ne peuvent que servir de chiffre initial pour mesurer plus exactement les progrès futurs.

La population est aussi mal connue que possible, on ne peut en fournir encore que des appréciations très vagues, très imprécises ; une note de l'administration qui m'a été remise à Rabat dit : population totale de la zone française soumise : 3.500.000 ou 4.000.000. Après l'avoir sillonnée de plusieurs milliers de kilomètres d'itinéraires, j'avoue ne pouvoir donner une autre évaluation. Si toutefois, je me risquais à jouer le rôle de prophète, je donnerais plutôt le chiffre de 6 millions d'habitants pour l'ensemble du pays, car lorsque les recensements vont devenir possibles et sérieux, on va sûrement se trouver en présence des mêmes constatations que celles faites en Algérie à partir de 1872 dénombrant 2.800.000 habitants en 1876 et 5.563.000 en 1911, soit que les recensements aient été mieux faits, soit que la population ait réellement augmenté dans cette proportion. Il y a au Maroc plus de nègres proportionnellement qu'en Algérie et en Tunisie. Les sultans ont, en effet, recruté assez ordinairement des esclaves, leur garde noire et des effectifs plus ou moins considérables de mercenaires pour leurs armées dans les contrées voisines de leur empire, partie dans les oasis de l'Est ou du Sud dans les régions sahariennes, partie au Soudan ou sur les rives du Niger. Ces éléments, facilement islamisés, ont fait souche et font aujourd'hui partie intégrante de la population sans que toutefois les nègres soient arrivés à jouer un rôle quelconque dans les fonctions gouvernementales.

La population urbaine est relativement élevée, et à peine mieux recensée que la population totale : pour les Européens, erreurs faibles, l'état civil fonctionne; on enregistre à la douane

(1) Le *tertib*, c'est l'impôt réorganisé par le protectorat. On en trouvera l'étude dans la suite de cette note.

les entrées et les sorties, avec des documents à l'appui, mais pour les populations indigènes, c'est encore le chaos, à peine corrigé par des évaluations hypothétiques faites annuellement. On donne couramment, dans la conversation, 120.000 habitants à Fès, autant à Marrakech et 82.000 à Casablanca. Or, voici les derniers relevés officiels qui m'ont été fournis pour 1915 :

	Européens	Indigènes	Total
Rabat-Salé	6.570	54.000	60.570
Casablanca	31.200	44.000	75.200
Kénitra	795	2.000	2.795
Mazagan	1.150	26.000	27.150
Safi	990	19.000	19.990
Mogador	790	24.000	24.790
Marrakech	1.135	76.000	77.135
Meknès	815	30.000	30.815
Fès	540	100.000	100.540
Oudjda	4.245	15.000	19.245

Total pour les dix centres urbains de la région française du protectorat 438.230

Peu de chose à dire de ces villes. L'administration française a partout prévu le développement d'une ville européenne, souvent démesurée comme à Marrakech, à côté et en dehors de la cité indigène, dans laquelle ne sont oubliés ni les halles, ni l'église, ni le théâtre, ni les écoles, ni surtout les emplacements des futures gares de chemins de fer, les bâtiments administratifs et les hôtels des postes. Si l'on en jugeait par comparaison avec Tunis, Oran ou Alger, les prévisions ne seraient pas trop larges, mais les faits démentent parfois ces prévisions, témoins Orléansville, Aumale.

A Rabat, de plus en plus confirmé comme capitale officielle, toute une immense étendue est déjà réservée pour la ville administrative et ses fonctionnaires ; à Casablanca échoit le rôle de métropole commerciale du pays.

En fait, il y a trois capitales au Maroc : Rabat, Fès et Marrakech dans chacune desquelles résident le sultan, sa garde, ses ministres, mais le protectorat ne peut déplacer trimestriellement ses bureaux, ses archives et ses fonctionnaires. Et c'est Rabat qui est la vraie capitale administrative pour les Français, à peine concurrencée jusqu'en 1915, à ce point de vue, par Casablanca en raison même des besoins de la colonisation.

S'il y a eu une erreur commise de ce chef, comme on le proclame si volontiers à cause de la difficulté de la construction du port, il est trop tard aujourd'hui pour revenir en arrière, on est déjà trop avancé pour recommencer ailleurs, ce n'est plus qu'une question de capitaux : les habitants se fixent là où l'intérêt les appelle et les retient; or, nous avons débarqué à Casablanca, pendant toute la durée des expéditions Drude, d'Amade et Moinier, tout a été concentré sur ce point et une grande ville y est née maintenant, encore décousue, éparse, mal ramifiée, mais active et bien vivante. Reste à lui donner un corps, l'embellir, ce qui se fera automatiquement à mesure que les constructions privées s'élèveront: habitations, boutiques, banques, et aussi en la dotant des monuments qui lui reviennent: églises, gare, hôtel de ville, théâtre, lycée, préfecture (?), etc.

A ce point de vue, l'empreinte du provisoire ne s'effacera que lentement : la totalité presque des services de la résidence à Rabat est installée dans des baraquements en bois ; le lycée, l'église de Casablanca sont encore en bois, et combien d'habitations particulières un peu partout laissent au visiteur l'impression d'un coin du Nébraska, du Dakota, du Manitoba, ou de telle autre région du Canada.

La construction de villes européennes indépendantes des vieilles cités indigènes a des avantages techniques, mais aussi des inconvénients, dans le tracé de la voirie, l'hygiène générale, la canalisation de la circulation, la fréquentation des écoles, le contact même des deux populations et leur pénétration réciproque ; tous ces facteurs sont à considérer : ils s'atténuent beaucoup si les deux groupements sont adjacents l'un à l'autre, comme, par exemple, à Tunis et à Casablanca même ; mais en sens inverse, on peut déjà préjuger que les deux villes n'auront que peu de vie commune si elles se développent et grandissent parallèlement comme cela semble devoir être le cas à Fés, à Marrakech, etc., sans contact intime, sans pénétration réciproque.

Deux tentatives de créations nouvelles peuvent dès maintenant être signalées : celle de Kénitra, plus spécialement urbaine, et celle de Petitjean, presque exclusivement agricole, créée administrativement par lotissement. Kénitra semble bien parti vers un avenir prospère que lui assure sa situation; le centre de Petitjean pourra trouver la source de sa prospérité dans la construction des voies ferrées, car il doit devenir le point de départ des deux lignes principales prévues dans le réseau : Tanger-Fés et Fés-Rabat. Petitjean aura les dépôts, les ateliers de réparation du matériel de chemin de fer; Kénitra doit devenir le port d'approvisionnement et d'expédition de la région Fés-Meknès et du Gharb.

En 1912, Kénitra n'avait qu'une kasba inhabitée, trois mille habitants s'y sont déjà fixés. Le port, à l'embouchure du Sebou, dispose d'une barre praticable d'avril à septembre et le fleuve peut être remonté par les chalands jusqu'à Mechra-bel-Ksiri, à 158 kilomètres en amont. Trois compagnies de navigation le desservent et des chantiers de réparation s'y sont installés ; plusieurs constructions en pierre y ont même déjà été édifiées.

Les villes indigènes sont, on le voit par le tableau donné plus haut, relativement nombreuses et assez importantes en s'en tenant même au seul territoire de protectorat français ; mais règle à peu près absolue : elles sont très fermées et entourées de murs, le *mellah* (quartier juif) y étant englobé, mais lui-même isolé du quartier arabe par un mur dont on fermait les portes chaque soir au coucher du soleil, jusqu'à l'arrivée des Français. Ces portes ne se ferment plus aujourd'hui.

En dehors de ces enceintes, c'est le *bled,* la campagne, où la sécurité faisait complètement défaut et où cependant elle commence à naître assez généralement.

La question des langues parlées au Maroc présente un certain intérêt administratif : les Berbères non arabisés continuent à parler leur dialecte qui n'a subi que de vagues emprises du dialecte arabe marocain ; l'espagnol, ancienne langue commerciale de tout le Maroc maritime et spécialement des juifs, a perdu très rapidement sa prépondérance, même à Tanger, grâce aux écoles françaises de l'Alliance israélite universelle. C'est le français qui s'implante partout avec rapidité, et les étrangers de tous pays qui arrivent au Maroc s'empressent de l'utiliser bien ou mal. La langue administrative officielle, au regard de tous les indigènes, restera pour longtemps encore le dialecte arabe local, que l'on enseignera parallèlement au français et qui persistera à côté du français dans tous les documents administratifs. On ne crée plus que des écoles françaises ou franco-arabes naturellement.

III. — La Colonisation

Il n'y a pas lieu de refaire ici un exposé des principes de la colonisation (1), toutefois il est bon de poser tout d'abord les directives qui s'imposent dans notre œuvre au Maroc. Si « gouverner c'est prévoir », on n'en est que plus étroitement obligé de placer haut l'idéal à réaliser et à poursuivre par tous les moyens en notre pouvoir, en tenant compte de toutes les possibilités. Il n'y a pas seulement à considérer le développement économique du pays, mais aussi son avenir social, tous deux indissolublement liés, d'ailleurs en bonne politique. Et la colonisation n'est en définitive que l'accroissement du patrimoine moral et matériel de la patrie, ce qui revient à dire qu'il faut solidariser la nouvelle colonie avec la métropole par la prospérité commune, par le rapprochement des intérêts, par l'orientation de la mentalité des populations. Même il est hors de doute que le rôle éducateur de la métropole doit ici passer avant son rôle économique, une colonie n'est pas simplement une ferme dont il faut tirer le plus de profits possibles.

(1) Sur ces principes, voir notre ouvrage : *Pourquoi et comment coloniser ?* Paris. Rousseau, 1905, p. 1 à 103.

Nous avons un second objectif qui s'impose à nous de toute évidence et qui doit nous guider, c'est que le Maroc n'est que le complément naturel de notre Atlantide, le Maghreb, le couchant de notre Afrique du Nord entre Sahara et Méditerranée. Il y a à ce point de vue, mêmes aptitudes climatologiques ou presque, mêmes races à élever jusqu'à notre civilisation, autrement dit les mêmes éléments dans un milieu physique et social analogue à l'Algérie et à la Tunisie déjà englobées dans le giron français et non sans succès, ce qui peut nous fournir et l'idéal réalisable et les méthodes à employer. Instruits à cette école d'un passé récent, nous avons pu heureusement abréger les étapes pour la réorganisation du Maroc, grâce à l'utilisation d'éléments qui n'avaient plus d'apprentissage à faire : le noyau du personnel administratif a été emprunté à la Tunisie surtout — pays de protectorat comme celui-ci — un peu à l'Algérie, pays d'Islam encore et, mieux, beaucoup parmi les premiers colons urbains ou ruraux sont venus de ces contrées, déjà formés aux conditions sociales et naturelles dans lesquelles ils ont à se débattre maintenant.

On peut donc légitimer notre entreprise coloniale non seulement par la nécessité, mais aussi par la raison. La force matérielle trouve sa justification dans la force morale. L'avenir appartient à la supériorité morale qui fonde la justice et asseoit le droit. La solidarité des hommes se crée bien plus sûrement par la communauté de pensée, d'aspirations que par la seule association d'intérêts. La concurrence des intérêts avive la haine, l'association et l'éducation adoucissent la lutte pour la vie. Et le devoir d'éducation sociale est concomitant de toute politique coloniale. Quel peuple peut renoncer à défendre l'avenir de sa race ?

Mais tous ces grands mots : agrandissement du patrimoine national, expansion, civilisation et progrès supposent en toute évidence que la nation colonisatrice enverra dans la colonie nouvelle assez d'administrateurs, d'ingénieurs, de commerçants et de colons — plus clairement de moniteurs — pour dominer moralement le pays, le stimuler, l'orienter vers ses nouvelles destinées. Or, cette emprise ne paraît a priori réalisable que par un pays qui dispose d'un excédent de population à exporter, d'un excédent de richesse et de moyens d'action. Est-ce bien le cas de la France ? Telle est la question que l'on doit et qu'il faut se poser maintenant.

En ce qui concerne les capitaux et la science, notre fortune publique et privée, l'expérience aujourd'hui acquise dans l'éducation et le relèvement des populations de gouvernements quasi-anarchiques ne laissent aucun doute sur la possibilité, la certitude du succès dans l'œuvre entreprise.

Remarquons incidemment que nos grands placements de capitaux à l'étranger nous ont été d'un grand secours pour tempérer les cours du change sur France précisément pendant la guerre mondiale, qui a déchaîné avec elle une crise financière sans précédent dans l'histoire économique.

La réponse favorable que l'on attend paraît moins évidente en ce qui concerne nos disponibilités en hommes : une simple affirmation ne suffit pas pour convaincre, il faut des preuves plus tangibles. La France est, en effet, un pays à population de densité moyenne, dont la natalité est relativement faible : rançon des travers d'une civilisation trop intense et plus encore d'un bien-être trop largement répandu ; elle ne peut donc prétendre qu'à une expansion lente.

Depuis moins de cinquante ans que ces problèmes ont pris une nouvelle acuité on a souvent cru pouvoir expliquer les phénomènes d'émigration par la surpopulation. Or, précisément l'histoire note que l'Angleterre, la France et l'Espagne étaient loin d'être surpeuplées au moment où l'Europe s'est répandue sur le Nouveau-Monde ; on observe également que l'Allemagne a fourni une forte émigration de 1870 à 1880, et que cette émigration s'est considérablement ralentie quand le pays a pu assurer l'existence de ses excédents de population sur son propre territoire, lui donner du travail. La surpopulation n'est pas un rapport simple entre le nombre de kilomètres carrés d'un Etat et le nombre de ses habitants. Et ce ne sont pas les pays numériquement les plus peuplés qui fournissent le plus d'émigrants, l'Espagne actuelle en fait à notre époque la démonstration la plus évidente, de même le Portugal, la Syrie et les pays slaves en général. Le seul facteur d'ordre matériel qui intervienne est l'équilibre nécessaire entre les ressources disponibles et les besoins de la population. Il n'est pas hors de propos même de relever que les pays de peuplement actuel, les Etats-Unis, l'Argentine, le Brésil, qui reçoivent les émigrants slaves, arméniens, portugais, anglais, scandinaves, allemands, espagnols, italiens, ne sont pas des pays de domination européenne, mais des pays qui offrent du travail seulement, où les colons doivent changer d'allégeance et de statut personnel en arrivant.

Donc précisons le problème : la colonisation est un fait d'ordre politique, social, moral, non un fait d'ordre mathématique ; il comporte l'établissement de la domination du pays colonisateur dans les contrées à coloniser, le peuplement reste un objectif subsidiaire, pas absolument négligeable, mais néanmoins secondaire. C'est la forme incontestable de la colonisation moderne, tandis que celle qui a marqué le grand peuplement de l'Amérique s'est faite avec d'autres visées, d'autres idées politiques et religieuses.

L'Afrique du Nord, pays d'élection pour nous, est à ce point de vue notre meilleur champ d'expérience et le plus démonstratif que l'on puisse désirer.

L'Algérie, occupée à partir de 1830, sans même l'intention d'y créer une véritable colonie, mais par simple raison politique, est notre plus beau fleuron colonial ; c'est une région bien française aujourd'hui : on y compte 563.000 Français sur un total de 760.000 Européens ; L'Indo-Chine, occupée au titre de colonie, n'a encore qu'une dizaine de mille de Français et la Tunisie, simple colonie aussi, a vu sa population française passer depuis 1881 de 3.600 en 1886 à 10.030 en 1891, à 16.534 en 1896, à 24.201 en 1901, à 36.600 en 1906 et à 46.000 à la fin de 1913, c'est-à-dire en trente deux ans, à côté de 100.000 Européens de race consanguine, Italiens ou Grecs ou Maltais, il est vrai. Au Maroc, notre situation ethnique est bien meilleure déjà : au 1er janvier 1915, la population française dans la zone du protectoral et non compris Tanger et la zone espagnole, atteint 26.085 habitants, dont 15.000 à Casablanca, sur un total de 48.500 Européens, après trois ans à peine de protectorat. Jamais aucune colonie n'avait accusé un pareil peuplement en si peu de temps. Et ici les allogènes, en grande majorité Espagnols, latins par conséquent, nous apparaissent comme aisément assimilables si nous en jugeons par la colonie voisine l'Algérie où 200.000 ont été absorbés en un demi-siècle.

L'Angleterre, après deux siècles d'occupation, n'a guère que 70.000 Anglais dans l'Inde pour régir et stimuler cet immense empire de 250 millions de sujets. Et les Hollandais ne sont pas plus nombreux proportionnellement dans les Iles de la Sonde.

En somme, si toute notre Afrique du Nord recevait 10.000 immigrants par an, elle serait francisée complètement, politiquement s'entend, c'est-à-dire par la mentalité et par les intérêts, en trente ans — la durée d'une seule génération !

Mettons en parallèle à titre d'illustration le commerce de ces colonies en année normale avant la guerre, ou depuis pour le Maroc spécialement :

	Importations	Exportations
Algérie 1913	720 millions	533 millions
Tunisie 1913	144 —	170 —
Maroc.. 1915	143 —	49 —

soit 1760 millions de trafic créé par le seul fait de la colonisation de pays enlisés jusqu'à notre arrivée dans une inactivité foncière, et pour une population totale d'environ 12 millions d'habitants sur lesquels moins d'un million sont d'origine européenne. Ces chiffres n'atteignent pas ceux de la Belgique ou de l'Angleterre évidemment, ils correspondent presque à la moitié du commerce français à population égale, mais ils égalent ceux que peuvent fournir l'Espagne et l'Italie et dépassent ceux que donnerait l'Europe orientale, à plus forte raison ceux de la Turquie d'Asie.

Et il n'est pas sans intérêt de remarquer que cette activité économique traduite par le commerce extérieur est à peu près proportionnelle à la durée et à l'intensité de notre influence dans chacun de ces trois pays très comparables entre eux.

Voilà en bloc et à grands traits les effets de la colonisation raisonnée et bien dirigée. Déjà on peut y trouver la justification des espérances que formulait Prévost-Paradol vers la fin du second empire quand il parlait de la possibilité de créer une « autre France » de l'autre côté de la Méditerranée, malgré toutes les hésitations, tous les tâtonnements qui ont marqué les cinquante premières années de notre politique africaine. Il importe maintenant de développer notre œuvre, d'activer notre effort, tout nous y convie.

IV. — L'Administration par le Protectorat

Pour la mise en valeur d'un pays d'occupation nouvelle, il faut des capitaux, une mise de fonds, et le Maroc, moins que tout autre, n'était riche ni organisé, nous l'avons montré dans un précédent chapitre. Aussi ne doit-on pas être étonné que la première préoccupation du protectorat ait été de recourir à l'emprunt. La loi du 16 mars 1914 intervint bientôt pour liquider le passif du maghzen et amorcer un programme de travaux publics, lequel fut rapidement reconnu insuffisant et porté de 170 à 242 millions par la loi du 10 mars 1916.

Pour agir il faut en assurer les moyens et, par calcul politique, par suite même de nos obligations internationales, on a été amené à placer le Maroc sous un régime de *protectorat* à l'imitation de celui qui a si bien réussi depuis 1881 en Tunisie. Le protectorat est une conception heureuse qui permet de faire évoluer la colonie dans sa propre civilisation, tout en stimulant son développement économique, et, en même temps, de lui conserver son autonomie administrative et financière : l'opinion indigène est respectée, elle garde son indépendance apparente, sa hiérarchie traditionnelle, ses chefs habituels et qui, de plus, permet, en y introduisant un contrôle rigoureux, l'imposition d'un budget local avec des impôts adaptés aux coutumes et d'une application plus familière aux mœurs des habitants.

Mais surtout l'avantage qui en découle au point de vue national, c'est de conserver le budget de la colonie distinct de celui de la métropole, soit d'affranchir celle-ci de toute charge financière, tout en engageant parfois sa responsabilité pour garantir les emprunts nécessaires et en lui apportant sa haute moralité et sa solvabilité connue et appréciée dès longtemps.

Toutefois on est assez logiquement porté à considérer le protectorat comme un régime provisoire dont il faut doter une nouvelle colonie, qui a encore besoin d'une période de transition pour s'adapter aux conditions des gouvernements modernes : cette opinion est évidemment très défendable, mais ce provisoire peut durer longtemps, et on ne voit guère que l'intérêt occasionnel qui peut naître des circonstances pour hâter sa disparition, en dehors de l'évolution normale, sociale et politique, des populations intéressées. Il peut être, au contraire, d'une politique très imprudente de provoquer ces causes de rupture. Donc, la transformation d'un protectorat en annexion pure et simple reste une question secondaire presque toujours oiseuse et négligeable a priori. Et, au demeurant, la différence qui existe entre un protectorat et une simple colonie consiste surtout en procédés administratifs laissant plus d'importance à l'apparence qu'à la réalité.

Deux conditions seulement sont nécessaires pour qu'un protectorat soit réellement efficace : 1° que le protectorat institué soit assez complet pour faire table rase du passé, que le gouvernement local qui est maintenu ne puisse plus exciper de son individualité pour signer isolément des traités internationaux ; 2° que le contrôle du gouvernement local par le gouvernement protecteur soit assez étroit pour que, même en ce qui concerne l'administration intérieure, aucune décision contraire à ce dernier ne puisse être arrêtée et mise à exécution. Il ne faut pas que les occupants restent dans la situation d'étrangers dans le pays protégé, ils doivent être les maîtres absolus de la législation et des relations extérieures. La sécurité doit être complète et assurée pour tout le monde.

L'autorité doit rester souple et bienveillante, le contrôle doit se montrer rigoureusement honnête ; les modalités pratiques doivent logiquement varier avec les races, leur éducation politique, leur religion, les intérêts acquis ou possibles, susceptibles eux-mêmes de variations comme tout ce qui est humain.

Il ne faut pas induire de ces considérations que la colonisation est exclusivement une tâche qui incombe à l'Etat, ce n'est pas seulement une œuvre d'ardeur et de foi : si l'Etat agit seul il risque de faire œuvre vaine, la collaboration directe ou indirecte de ses citoyens en nombre aussi grand que possible est particulièrement précieuse et le recrutement des colons libres — celui des fonctionnaires se faisant toujours facilement et automatiquement — restera toujours le but suprême à atteindre : les renseigner, dresser un programme d'action apparaît donc désormais comme une nécessité.

Mais tout en reconnaissant que l'administration française doit être solide et respectée, on ne saurait admettre qu'elle soit formaliste et paperassière, comme elle en a parfois la tendance, risquant de devenir gênante et obstructionniste, même quand elle semble s'inspirer des meilleures intentions. Dans cet ordre d'idées heureusement, depuis l'organisation de la Tunisie, nous avons fait école.

En matière purement économique cependant on peut admettre une véritable association entre pays protecteur et pays protégé, entre la métropole et la colonie, soit en matière financière pour étayer le crédit de celle-ci de la confiance dont jouit celle-là, lui faciliter ses emprunts et ses opérations de trésorerie, soit en matière douanière avec de plus larges visées encore, car il s'agit alors de s'assurer des éléments d'activité réciproque, des débouchés pour le commerce appropriés à la production des deux régions associées politiquement. Malgré notre intérêt nous sommes évidemment liés par les traités au Maroc comme nous l'avons été en Tunisie. En vertu même de l'acte d'Algésiras et de la convention du 4 novembre 1911 avec l'Allemagne il doit rester sous le régime de l'égalité absolue pour toutes les nations en ce qui concerne les importations ; peut-être pourra-t-on lui appliquer un traitement analogue à celui qui est fait à la Tunisie par la procédure de décrets spéciaux, en ce qui concerne ses exportations en France, il y a même des raisons très fortes pour que cela se fasse. Et puis les traités internationaux ne sont pas perpétuels, ils sont renouvelables et révisables, annulables même éventuellement!

L'Administration du Maroc est assez bien calquée sur celle de la Tunisie, mais à côté des autorités indigènes, c'est l'autorité militaire qui dirige tout, qui donne son avis et qui approuve ou arrête tout projet : à côté des grands caïds ce sont des colonels ou des généraux qui administrent les circonscriptions. Tant que la sécurité ne sera pas absolue dans toute l'étendue du territoire, ce mode de gouvernement restera logique et nécessaire. Mais l'autorité militaire ne fait que couvrir l'administration normale par les bureaux spéciaux des services civils : des finances, du commerce, colonisation, agriculture, de l'enseignement, de l'hygiène, des domaines, des habous, des travaux publics, des douanes, des mines, etc., dont les directions sont installées à Rabat, sauf la conservation foncière, qui est installée à Casablanca.

L'organisation centrale est copiée à peu près dans les administrations locales. Mais beaucoup de pouvoirs locaux autonomes sont déjà constitués civilement, ou au moins amorcés. Fès possède une municipalité indigène (*medjless*). Rabat, Casablanca, Mazagan, Safi ont des municipalités mixtes dont les membres français et indigènes sont désignés par l'autorité supérieure. Il existe des chambres de commerce et des chambres d'agriculture formées de la même manière à Rabat et à Casablanca, des chambres mixtes consultatives également à Mazagan et Safi.

Et il existe des comités d'études économiques à Casablanca, Rabat et Kénitra, Meknès, Marrakech, Safi, Mazagan et Azemmour; il n'y en a pas encore à Fès et Mogador. Ces conseils et comités fonctionnent d'ailleurs très bien et très activement.

Ces organisations embryonnaires reçoivent avant tout des subventions du pouvoir central, mais des taxes locales que l'on tend à développer, sont déjà perçues sous forme de taxe d'abatage, de droits de marché, de droits de portes (octrois), etc., afin de donner corps à l'existence municipale et arriver à la vie communale. La constitution de communes est, en effet, le problème administratif qui se pose maintenant, les travaux publics communaux de petite vicinalité, de nettoyage, de plantations, de marchés, d'éclairage, d'égoûts, d'abattoirs, etc., doivent logiquement ressortir aux pouvoirs locaux. Il faut donc donner l'impulsion à ces pouvoirs locaux, pour introduire la clarté et la responsabilité dans la vie publique : c'est affaire de temps et d'opportunité seulement, mais l'initiative de cette organisation graduelle ne peut guère venir que du pouvoir central.

D'ailleurs, si la création d'organismes municipaux est actuellement le premier problème à résoudre dans la série des questions à l'étude, elle en soulève d'autres avec elle qui ne sont pas moins graves et dont la portée, les conséquences sont plus considérables encore.

Dans quelle mesure faut-il associer l'élément indigène au gouvernement local d'abord, provincial et général ensuite? Jusqu'ici, grâce à l'omnipotence de l'administration militaire, on couvre toutes les décisions du principe d'autorité — qui convient d'ailleurs très bien en pays amorphe ; d'autre part, l'élément européen, celui qui généralement apporte les capitaux, crée l'activité et la richesse, n'a-t-il pas droit à une participation officielle dans les décisions gouvernementales, dans l'orientation de la marche des affaires, dans la réglementation qui lui est imposée, même dans le mode de la protection qui lui est accordée ? On donne bien des délégations tant aux indigènes qu'aux Européens dans les nombreux comités consultatifs dont on s'entoure avec raison, et par nécessité, mais c'est toujours le pouvoir central qui agit, en choisissant ces délégués sans contrôle.

Il est prématuré de préconiser les principes de suffrages et d'élections évidemment, mais il faudra bien en venir là. Dès maintenant il serait d'une bonne méthode de grouper les intérêts par catégories, par spécialités, de décentraliser un peu le pouvoir de décision pour préparer la création qui deviendra indispensable dans une douzaine d'années d'un conseil délibérant quelconque, soit une Conférence consultative calquée plus ou moins sur celle de la Tunisie, ou sur les Délégations financières d'Algérie. D'autant mieux que ces assemblées s'occupent assez exclusivement d'affaires et fort peu d'agitations stériles: elles sont plus souvent utiles que gênantes, et couvrent amplement l'administration qui détient et exerce le pouvoir exécutif.

Cela c'est l'avenir; mais il serait de bonne politique de le prévoir et de le préparer. Il serait cependant injuste et illogique d'induire de ces considérations la moindre critique pour un passé si récent dans le gouvernement du Maroc.

V. — Le Protectorat espagnol. — Tanger.

On sait que le Maroc des sultans n'est pas entièrement sous notre protectorat. La zone du nord, en bordure de la Méditerranée, est attribuée à l'Espagne, en y comprenant le beau territoire de Larache sur l'Atlantique. D'autre part, la petite région de Tanger, délimitée autour de cette ville depuis Punta-Altarès sur le détroit de Gibraltar jusqu'à l'embouchure de l'Oued Tahaddart dans l'Atlantique, sur une profondeur de 15 à 18 kilomètres, constitue aussi une zone distincte qui reste sous l'administration directe du sultan.

Les Espagnols étaient hantés par la crainte de n'avoir qu'un sous-protectorat, alors que déjà ils possédaient maints établissements, Melilla, Ceuta, etc., en toute indépendance; la convention du 27 novembre 1912 les a complètement rassurés. On leur a concédé tout le littoral de la Méditerranée depuis l'embouchure de la Moulouya jusqu'au détroit de Gibraltar. C'est un district très étroit, mais riche en mines. Le sultan délègue son autorité dans la zone espagnole à un khalifa qui réside à Tetouan et qui administre sous le contrôle du gouverneur espagnol, haut commissaire représentant le roi. La zone espagnole jouit de l'indépendance financière ; elle participe seulement au service de la dette proportionnellement à ses recettes douanières dans les ports par rapport au total perçu par le service du contrôle.

Quant à Tanger, zone neutre internationalisée, un statut spécial doit lui être donné.

En attendant ce nouveau statut, Tanger et sa banlieue demeurent soumis à l'autorité du sultan sous la seule réserve, d'une part, du maintien des capitulations et, d'autre part, du protectorat reconnu à la France sur le Maroc.

Ce protectorat pourrait, en droit, être exercé à Tanger par le Gouvernement français comme dans la zone française.

Toutefois, si la France, dont le représentant à Rabat est ministre des Affaires étrangères du sultan pour le Maroc tout entier, exerce à Tanger les prérogatives auxquelles elle a droit de ce fait, elle s'est, en considération de l'article VII du traité franco-espagnol de 1912, gardée, *par scrupule d'amitié,* de s'immiscer dans l'administration de la zone. Le maghzen y conserve donc toute son autorité et ses fonctionnaires (1).

Nous avons environ 2.200 Français installés à Tanger, une centaine dans les agglomérations de la zone et un millier d'indigènes algériens ; la ville compte 600 Anglais, y compris 500 Gibraltariens ; elle comptait avant la guerre 200 Allemands, disparus aujourd'hui.

La propriété immobilière appartient pour les deux tiers aux Français, soit une valeur de 30 millions environ ; toutes les banques sont françaises, et notre activité économique nous place au premier rang parmi les colonies européennes, avant les Anglais et les Espagnols.

Un Comité consultatif du commerce français, créé en 1909, y exerce les fonctions d'une Chambre de commerce. Un Institut Pasteur, dépendant de Paris, y assure ses services. Il y existe aussi un hôpital français dans lequel 20 lits sont gratuitement réservés aux indigènes, à côté de dispensaires pour la vaccination et même l'art vétérinaire ; toutes ces institutions fonctionnent sous le contrôle du consul de France.

La langue française est de beaucoup prédominante ; elle est la langue courante du commerce; deux journaux français quotidiens y sont publiés. La France y entretient enfin un collège

---

(1) Consulter sur ce sujet le Rapport de M. Louis Marin, député, relatif à la construction de deux écoles primaires à Tanger (Session 1916).

récemment construit et plusieurs écoles secondaires et primaires, françaises ou franco-arabes, ou encore professionnelles.

Nous ne sommes concurrencés à ce point de vue que par le Gouvernement espagnol, qui a achevé, en 1913, les grandes « Ecoles Alphonse XIII ». Notre Parlement vient précisément de voter un crédit de 300.000 francs (novembre 1916) pour la construction de deux nouvelles écoles primaires françaises.

Un port important doit être construit à Tanger, qui deviendra tête de ligne pour le chemin de fer de Fés se ramifiant dans tout le Maroc.

CHAPITRE II

LA RÉFORME ÉCONOMIQUE

I. — La Propriété immobilière

Comme dans tous les pays musulmans, le régime de la propriété, base de toute activité, est très complexe. Il présente de grandes analogies avec le régime tunisien, quoique cependant soumis à un régime coranique unique, qui est le rite malékite. Mais, comme ailleurs, on distingue trois sortes de propriétés : les biens *maghzen* ou biens de l'Etat, ou le domaine, les biens *melk* qui constituent la propriété privée proprement dite et les biens *habous* ou biens de mainmorte qui restent en principe, mais non tout à fait, en dehors de la circulation. Ces trois formes de propriété demandent quelques précisions. Elles semblent prendre chacune une part sensiblement égale du territoire marocain, mais il n'y a jusqu'ici aucune statistique offrant quelque base de certitude pour pouvoir en apprécier l'importance.

Il est à noter aussi qu'il subsiste au Maroc des terres de jouissance collective, dites *arch* ou *sabega* en Algérie, plus communément appelées ici terres *guich* et de caractère très imprécis quant à leur nature juridique: on les considère administrativement comme des propriétés maghzen grevées de droits d'usufruits ; mais cette interprétation a encore besoin d'être consolidée par des actes décisifs généralisés : l'indivision entre un grand nombre de collatéraux de souche unique peut facilement être confondue avec la collectivité de la jouissance.

Au surplus, la propriété immobilière est un fait plutôt qu'un droit absolu. Elle repose sur le Coran, qui déclare légitime propriétaire celui qui a vivifié une terre morte, et, vivifier une terre morte, c'est la labourer, y planter des arbres, l'irriguer, l'épierrer, etc. Si les traces de la première mise en valeur ont disparu, celui qui la fait revivre devient à son tour propriétaire. Ce principe est battu en brèche par le droit du sultan, représentant de Dieu sur la terre, qui peut disposer à son gré de tous les biens, donner et reprendre la propriété par le droit de la force qui confisque, par toutes sortes d'abus introduits par l'usage en l'absence de toute législation protectrice qui ait pu se faire respecter.

D'ailleurs, cette propriété est souvent vague, en raison même de ces circonstances ; elle diffère suivant qu'elle s'applique à des arbres fruitiers ou à des terres de labours, ou à des pâturages libres : les nuances sont très nombreuses et on peut les classer d'après ce principe : plus le travail incorporé au sol est grand et encore apparent et disponible, plus le droit de propriété est évident et solide. Il faut donc utiliser un sol et pouvoir le garder pour être propriétaire. Les indigènes s'accommodent tant bien que mal de tout cela.

Pour les Européens, le signe distinctif de la propriété est la disposition, et sa garantie réside dans le titre qui constate le droit.

La propriété melk confère à un titulaire à peu près tous les droits reconnus par le Code civil français. La vente est, en théorie, parfaite par le seul consentement des parties. La plupart des fétouas (avis de jurisconsultes) semblent pourtant considérer la mise en possession comme nécessaire à la perfection de la vente. Il convient de noter également que lorsqu'il y a titre de vente le visa des cadis est nécessaire. En tribus, il arrivait souvent que les transmissions de propriété immobilière, à l'exception des biens urbains, n'étaient, antérieurement à l'établissement du protectorat, constatées par aucun titre régulier : une simple déclaration faite, soit devant la djemaâ du village, soit recueillie par un seul notaire (*adel*), établissait le droit du nouveau propriétaire.

L'usage des titres s'étant développé avec l'augmentation des transactions et l'accroissement de la valeur des immeubles, la pratique des *moulkyas* s'est généralisée. Ces actes de notoriété sont établis devant deux adoul préalablement autorisés par le cadi et assistés de douze témoins. Aujourd'hui tout transfert de propriété, pour être valable, doit être revêtu de l'homologation du cadi, qui lui confère le caractère authentique. Le cadi doit, au moins en théorie, examiner : si les titres de propriété sont, dans la forme, établis suivant la règle du Charâa, la capacité des parties, si le transfert n'atteint pas les droits de mineurs, d'absents ou d'incapables dont il est le tuteur naturel; enfin, il fait contrôler par l'*amin el amelak* et le *nadir* des habous, si l'immeuble n'appartient pas à la catégorie des biens maghzen ou habous.

La moulkya remplace l'outika tunisienne.

Ce système s'est montré encore dans la pratique très insuffisant : on fabriquait de fausses moulkyas. Ni les témoins ni les adoul n'étaient sincères parfois et les cadis ne l'étaient pas davantage. La poussée de spéculation qui coïncida avec le règne de Mouley-Hafid donna lieu à des achats de terrains, souvent fort étendus, sur lesquels les vendeurs indigènes n'avaient aucun droit, ou dont la propriété leur était contestée, ou appartenant à des collectivités indigènes ou aux Habous ou au Maghzen. Si une parcelle est achetée à une fraction des copropriétaires, elle a un titre vrai qui peut être contesté par l'autre fraction.

Dès le 1er novembre 1912, un nouveau règlement fut promulgué qui essayait d'assurer plus de sécurité dans les transactions. Et le *dahir* (décret-loi) chérifien du 7 juillet 1914, préparé d'un commun accord entre le parquet général, la section de la justice musulmane et le service des Domaines confirme et complète les dispositions de 1912. En vertu de ce dahir, les fonctions de mufti, d'adel, d'*oukil* (mandataire judiciaire) sont soumises à des règles de recrutement et de discipline, des registres de transcription et de contrôle sont institués, les honoraires sont fixés par un tarif, la procédure, assez flottante, usitée devant les tribunaux du Chrâa est définie et précisée ainsi que les voies de recours et enfin un contrôle est exercé. Comme la loi du Chrâa, d'essence religieuse, n'admet qu'un juge unique et que, d'autre part, tout cadi pouvait réviser la sentence d'un autre cadi, on dut organiser l'appel devant un conseil supérieur d'oulémas, qui revise et propose la solution définitive que prononce en dernier ressort le ministre de la Justice au nom du sultan, juge des juges. Dorénavant, seuls les cadis des villes et des ports, à l'exclusion des cadis ruraux, ont qualité pour dresser les actes portant mutation de propriété: de même que, seuls, les gouverneurs des villes et des ports, à l'exclusion des caïds de tribus, ont le pouvoir de délivrer valablement au nom du Maghzen l'autorisation d'acquérir des immeubles prévue par l'article 2 de la Convention de Madrid et de l'article 60 de l'Acte d'Algésiras.

Dans le même temps, l'administration du protectorat préparait une solution plus complète du problème foncier marocain, le service des Domaines était chargé d'étudier les conditions d'application au Maroc d'un régime dérivé de l'Act Torrens. Par le dahir organique du 9 ramadan 1331 (12 août 1913), le régime de l'immatriculation fut institué sous une forme facultative, le livre foncier fut ouvert suivant les principes déjà adoptés en Tunisie, à Madagascar, en Afrique occidentale, au Congo et à la Côte des Somalis, mais rendu applicable, au début seulement, là où la pénétration européenne est la plus intense, soit aux régions où l'organisation administrative est la plus complète, c'est-à-dire aux circonscriptions territoriales correspondant aux régions de Rabat, de la Chaouia, et secteur nord (Chiadma) du cercle autonome des Doukkala. L'extrême Sud: Safi, Mogador, Agadir, Marrakech et la région de Fès, Meknès, ainsi que le

Maroc oriental et l'arrière-pays où l'on se bat encore, restent en dehors de l'application du nouveau régime, mais son extension graduelle n'est plus qu'une question de temps et d'opportunité.

Il serait oiseux de refaire une fois de plus l'analyse du régime des livres fonciers, elle a été faite maintes fois; une petite brochure spéciale publiée par le protectorat a réuni fort à propos tous les documents et instructions complémentaires utiles à consulter dans la pratique.

Depuis le 15 juin 1915, le service central de la Conservation de la propriété foncière a été installé à Casablanca, et il fonctionne maintenant très normalement avec un personnel un peu restreint peut-être.

Chaque immeuble, nettement délimité sur le terrain, est immatriculé au registre foncier sous un nom et un numéro d'ordre particulier avec les déterminations topographiques et juridiques qui le précisent. Le titre de propriété ainsi constitué, après une purge préalable, reçoit mention de tous les droits réels et charges foncières intéressant l'immeuble ainsi que les mutations ou modifications y relatives. Et un plan dressé sous le contrôle de la Conservation complète l'état civil et est annexé au titre.

En cas de démembrement, on dresse un titre pour chacun des nouveaux propriétaires, et, en cas de remembrement, on réunit en un seul titre toutes les parcelles groupées. On a déjà enregistré des biens habous.

Le régime marocain diffère du régime tunisien en ce que le conservateur immatricule lui-même après avis du procureur, tandis qu'en Tunisie c'est le tribunal mixte qui prononce l'immatriculation.

C'est la consolidation définitive du droit de propriété sans opposition possible, qui devient, par le fait même, imprescriptible. Si, occasionnellement, surgissait un tiers ayant-droit qui aurait été, pour des raisons acceptables, omis dans l'enquête, le recours légal lui serait encore possible, mais son droit reconnu se résoudrait en une indemnité en argent, prévue sur un fonds d'assurance destiné spécialement à cet objet.

En résumé, les ventes et achats d'immeubles au Maroc sont actuellement régis par deux systèmes différents dont le choix appartient au propriétaire. Pour faciliter la création et le développement d'intérêts français européens, le gouvernement du protectorat a cherché à garantir les immigrants contre les complications, les dangers et les procès auxquels les exposait leur ignorance de la langue, des lois et des usages du pays. Le régime foncier musulman, épuré, continue par ailleurs à fonctionner pour les indigènes qui veulent y recourir. Mieux que les expédients législatifs, la diffusion de notre langue, de nos usages et de notre droit fera la propagande en faveur du nouveau régime.

II. — Les Biens de l'État

Les biens du Maghzen — du gouvernement — ont pour origine les confiscations sur les tribus, l'héritage direct. Il n'y a pas moins de 1.300 immeubles urbains à Marrakech, et dans le *bled* plus du tiers du territoire est maghzen, semble-t-il.

Les biens maghzen ressortissent naturellement des services du Domaine: ils comprennent des immeubles bâtis et des propriétés agricoles répartis sur tout le pays. On en tire profit par l'usage direct pour les casernes, les installations administratives, les services publics, mais aussi par la location. Or, tout cela a dû être recensé, vérifié à nouveau, et cette révision, on s'en doute, est un travail considérable et minutieux, car le désordre, la négligence étaient la règle et les abus de tous ordres étaient innombrables. Le protectorat doit avancer les sommes nécessaires pour la restauration et préparer la location prochaine.

On a déjà relevé plus de 20.000 hectares de terres maghzen propres à la colonisation en territoire de tribus, mais qui sont, en jouissance, l'apanage des caïds, lesquels ne payent aucun loyer. Cette situation acquise illégalement est difficile à régulariser aujourd'hui. Et combien d'autres, non moins abusives, seraient à signaler ?

Afin de favoriser le commerce dans les villes de la Côte, l'ancien maghzen construisait lui-même avec le produit des *moustafadats* des immeubles qu'il louait ensuite, moyennant un loyer calculé à raison de 6 p. 100 des sommes dépensées pour la construction. La durée de ces contrats était invariablement de seize ans et demi, durée approximativement correspondante à la reconstitution du capital selon ce taux. Aujourd'hui la grande majorité de ces contrats sont expirés et le maghzen est légalement en droit de procéder au renouvellement des contrats sur de nouvelles bases ou à la mise en location par adjudication. On ne peut songer évidemment à évincer systématiquement les anciens locataires, lesquels d'ailleurs, par suite des améliorations apportées par eux, se sont parfois créé des droits de *zina* dont il y a lieu de leur tenir compte.

Dans la plupart des villes de l'intérieur également, certains *fondouks* (boutiques) sont biens maghzen soumis au même régime. Mais partout des réparations, des réfections sont nécessaires, indispensables. Le produit des locations s'en relèverait notablement.

C'est l'administration des Domaines aussi qui, parallèlement, a dû s'occuper du lotissement des centres nouveaux de Petitjean, Dar-bel-Hamri et Mechra-bel-Ksiri en même temps que du tracé et du lotissement des quartiers européens créés auprès des vieilles cités indigènes.

En matière de restauration des propriétés agricoles, les efforts du service ont principalement porté sur la question irrigation et aménagement des eaux d'intérêt général: curage des sources souterraines (foggaras et chettaras), réfection des canaux d'irrigation (*seguias*) et restauration des bassins partiteurs et de distribution. A Marrakech, il y a énormément à faire dans cet ordre d'idées, on y travaille activement, mais le plan d'ensemble qui doit dominer tous les travaux ne m'a guère apparu. A Fès, tout est à remanier : l'eau est bonne, très abondante, mais les travaux qui doivent régulariser l'arrivée, la distribution et l'évacuation ne peuvent que dériver d'un nivellement général de la région qui n'existe peut-être pas encore. Et, de plus, les eaux de Fès sont habous, l'usage en appartient aux habitants, tout remaniement y devient très difficile et délicat. L'évacuation, facile et nette, des eaux usées serait cependant une grande amélioration pour la ville.

Beaucoup de tribus guich sont installées sur des terres maghzen, on pourrait essayer, avec elles, ce qui a été fait en Algérie, du cantonnement, en leur attribuant la pleine propriété de leurs terres de jouissance, mais en déclarant ce sol inaliénable : elles ont d'ailleurs diminué en nombre et en importance.

III. — Les Habous (1)

Reste à examiner, pour compléter l'étude de la propriété, la question des biens habous, essentiellement religieuse. L'institution des habous remonte, en effet, au Prophète, et, comme celle des ouakouf, en Orient, elle est devenue un rouage fort important de l'administration publique et du gouvernement. Les habous sont des immeubles urbains ou ruraux que leurs propriétaires ont, en vertu du droit musulman, soustraits à la dévolution successorale ordinaire et rendus inaliénables, pour en attribuer la jouissance perpétuelle à une œuvre pieuse ou d'utilité générale, soit immédiatement, soit à l'extinction de dévolutaires intermédiaires et de la descendance de ceux-ci.

Tant que les dévolutaires ou leurs descendants sont vivants, ils bénéficient de l'usufruit de ces biens, qui prennent la qualité de habous privés ; si la pleine propriété est léguée directement par le constituant, ou à l'extinction de sa descendance, ils sont habous publics. Les deux espèces de habous sont, en principe, inaliénables et imprescriptibles : ils ne peuvent être « ni vendus, ni donnés, ni engagés, ni compris dans un partage de succession », et ce n'est que dans des conditions nettement définies que la loi musulmane en autorise l'échange, c'est-à-dire l'aliénation à charge de remploi.

Les revenus en sont toujours affectés en principe à des œuvres de caractère religieux, tels que l'entretien des mosquées et de

(1) La traduction littérale du mot habous est *emprisonné*, c'est-à-dire non libre.

leur personnel, les allocations aux oulémas qui enseignent la loi coranique, aux cadis qui l'appliquent et aux tolba pauvres qui l'étudient (sorte de boursiers), parfois à des œuvres d'intérêt public : bains, asiles, fontaines, ponts, assistance, etc. Les terrains pour la construction des hôpitaux sont aussi généralement donnés par les habous, mais ces hôpitaux sont eux-mêmes entretenus par le protectorat.

L'administration des habous est autonome et ne relève que du sultan qui nomme, en sa qualité de chef spirituel de la communauté musulmane, les nadirs qui administrent ces biens dans différentes villes. Elle a donné lieu, sous les deux derniers sultans surtout, à des abus excessifs notamment à Tanger et à Casablanca. Si Moulay-Abdel-Aziz, peu énergique et mal conseillé par son entourage, a surtout péché par faiblesse et par condescendance pour ses amis, Moulay-Hafid a délibérément mis les habous en coupe réglée pour se procurer de l'argent. Il va sans dire que les nadirs n'ont pas manqué de suivre un exemple venant de si haut. Détournements, dissimulation de recettes, exagération des dépenses, destruction de titres et d'archives, tous les moyens leur étaient bons. Certains même agissant de connivence avec les locataires, les cadis et les représentants locaux du maghzen, se sont approprié une partie des biens confiés à leur garde ; ils en ont vendu d'autres ou ont consenti des baux à long terme incompatibles avec la loi coranique ou même la « vente à la clé », c'est-à-dire des baux à perpétuité.

Il en résultait qu'un grand nombre de habous avaient disparu des inventaires et que ceux qui restaient et qui pouvaient être encore une source de revenus considérables ne rapportaient presque rien et que bon nombre des œuvres auxquelles elles étaient consacrées auraient dû être abandonnées. Dans l'ensemble beaucoup de ces propriétés ont été détournées de leur affectation, concédées gratuitement par simples *tenfidas* à des favoris, ou louées à des taux dérisoires et dans des conditions telles que leurs locataires, parmi lesquels il y a de nombreux Européens, se considèrent comme des concessionnaires légitimes et refusent d'en payer un loyer équitable. Et en outre, il arrive parfois que les loyers des habous étant basés sur la valeur primitive des immeubles, les prix ne tiennent aucun compte de la plus-value qu'ils ont acquise, de telle sorte que certains locataires retirent de leur sous-location dix ou vingt fois le montant de leur propre loyer. D'autres, volontairement négligents, sont restés longtemps sans payer aucune redevance et avaient fini par se considérer comme propriétaires légitimes.

Dans une telle situation, il était du devoir strict du protectorat de réformer toute l'institution en s'inspirant du droit légal et coutumier en y associant le maghzen, de façon à donner à cette refonte générale la consécration du droit coranique en même temps que le caractère d'une mesure politique régulière.

Il a fallu réorganiser complètement l'administration, refaire les inventaires pour fixer à nouveau la valeur des immeubles, et la révision des prix de location est en cours. Mais il fallait en même temps éviter le scandale public, par simple prudence politique : on a donc dû procéder discrètement.

La première mesure prise, qui date du 31 octobre 1912, fut la création d'une direction générale — le directeur a rang de ministre du sultan depuis la fin de 1915 — complétée par un conseil consultatif. Cette direction est chargée désormais de l'administration générale ; elle exerce un contrôle absolu sur les habous publics ; elle a même un droit de surveillance sur les habous privés et ceux des zaouias.

Un nouveau dahir chérifien en date du 11 décembre 1912 prescrivit la constitution, dans chaque ville de l'empire, d'une commission chargée de procéder à la reconnaissance et à l'évaluation des immeubles habous. Les prix fixés par ces commissions ont été rendus obligatoires pour les locataires, sous peine de déchéance.

La réglementation s'est poursuivie et précisée depuis avec un grand esprit de suite : le dahir chérifien du 21 juillet 1913 (16 chaabam 1331) promulgué par le protectorat sous la date du 5 septembre, a codifié les règles de la mise en valeur des habous et posé le principe de l'adjudication pour les locations. Cette réforme est à longue échéance évidemment, c'est l'avenir qui en profitera, mais dès à présent, les revenus s'en trouvent grandement améliorés.

Un nouveau dahir, du 13 août 1913, supprime les concessions d'immeubles habous par tenfida et impose aux concessionnaires les mêmes délais qu'aux locataires ordinaires pour accepter le loyer fixé par les commissions ou évacuer l'immeuble. Enfin, un dahir du 3 décembre 1913 décida que les cadis n'autoriseraient à l'avenir, en ce qui concerne les habous privés, aucun échange ni aucune location d'une durée de plus de deux ans sans une autorisation expresse de la Direction générale des Habous.

Au point de vue politique, cette réorganisation présente le double avantage d'être conforme aux lois et coutumes locales qu'il importait de respecter, et de mettre un terme aux dilapidations du capital des fondations pieuses. Déjà la population, qui, au début, avait manifesté quelques appréhensions, commence à se rendre compte des bons effets de notre contrôle, et ne proteste plus contre l'incorporation de ce budget qui, tout en gardant sa spécialisation, est compris dans le budget général de l'État, auquel d'ailleurs il apporte les ressources nécessaires aux dépenses du culte, de la justice et du haut enseignement musulman. Il est à noter aussi que tout le haut personnel de ce service est choisi parmi les musulmans : témoignage symptomatique de respect pour la religion.

La réglementation nouvelle s'inspire largement de celle qui avait été adoptée il y trente ans par le protectorat tunisien; cette analogie était logiquement commandée par l'identité des situations.

Elle admet d'abord deux systèmes de location : les locations courantes et les locations à long terme. Sont loués aux enchères publiques pour une période de deux années, les immeubles bâtis : boutiques, fondouks, héris, bains maures, habitations; sont loués aux enchères publiques pour une année, les terrains non bâtis, urbains ou autres, pour servir uniquement à des travaux de culture. Les locataires de toutes nationalités sont admis ; les termes des loyers sont payables par trimestre et d'avance.

Des locations aux enchères pour une période de dix années peuvent être consenties en ce qui concerne les terrains ruraux et certains immeubles bâtis, ruinés, soit par l'initiative de l'administration, soit à la requête des particuliers. Une propriété peut être divisée en lots si la direction le juge utile. Les criées se font en arabe et en français. C'est le *nadir* local qui est chargé de surveiller chaque adjudication et de fournir tous renseignements aux intéressés qui se présentent. Il fait dresser le plan par un géomètre et procéder au bornage par deux adels aux frais du requérant que celui-ci doit avancer ; il est, en outre, chargé de la publicité, fait apposer des affiches dans la localité à laquelle ressortit l'immeuble à louer, vingt jours au moins avant l'adjudication ; des publications sont, en outre, faites par le crieur public sur le marché de la ville à deux reprises et à huit jours d'intervalle.

D'autre part, une insertion au *Bulletin officiel* est faite à deux reprises par la direction des habous, la première fois un mois et la deuxième fois quinze jours au moins avant les enchères, et un exemplaire de ces publications doit être annexé au cahier des charges.

L'adjudicataire doit jouir en bon père de famille ; toutefois il peut, à ses frais, élever toutes constructions et faire toutes plantations et travaux sans demander l'autorisation de l'administration, par contre, sans qu'il puisse les enlever à l'expiration du contrat et sans qu'il ait droit à aucune indemnité.

Mais le preneur a le droit, au cours de la neuvième année de son bail d'obtenir la prorogation de sa location pour une nouvelle période de dix années s'ajoutant à la première, moyennant une majoration de un cinquième sur le loyer primitif, sous la condition de faire constater qu'il a engagé sur l'immeuble une dépense en bâtiments, installations ou plantations égale au loyer de cinq années ; la même faculté lui est réservée au cours de la dix-neuvième année pour une nouvelle période de dix ans, en majorant encore d'un cinquième le loyer de la seconde période. A l'expiration de cette troisième période, l'immeuble fait retour aux habous, qui en disposent à nouveau.

Les immeubles non bâtis peuvent faire l'objet d'échange en argent à charge de remploi, par la voie de l'adjudication, à peu près dans les mêmes conditions que les locations à long terme. Le prix perçu doit être remployé dans le plus bref délai à l'achat d'un immeuble de rapport qui devient habou, tandis que l'immeuble vendu devient melk.

Enfin les fruits et récoltes pendantes sont vendus aux enchères publiques.

Malgré ces prescriptions de principe pour l'exploitation des habous, l'administration conserve le droit d'affecter directement un de ses immeubles à la construction d'une mosquée, la création d'une école, l'installation d'un hôpital ou d'un hospice et, en général, de toutes œuvres créées à l'intention des musulmans pour un prix de location minime et même sans exiger aucune redevance. Les affectations de ce genre ne comportent pas donation du fonds, qui reste la propriété des oukafs.

Cette réforme a déjà donné des résultats des plus satisfaisants. Les opérations des commissions de recensement se poursuivent dans les meilleures conditions ; elles sont achevées à Rabat, Salé, Casablanca, Azemmour, Mazagan, Mogador, Meknès et Marrakech, et il ne reste plus qu'à compléter l'inventaire des habous de Fès — très riche — et des immeubles extra-urbains de Safi ; à Ouezzan et à Taroudant, les opérations ne sont pas encore commencées (1916).

La valeur foncière des habous dont le recensement est terminé est la suivante :

Meknès et Zerhoun	7.706.312	P.H.
Salé	2.033.617	»
Rabat	6.639.458	»
Casablanca	4.280.010	»
Azemmour	709.930	»
Mazagan	1.261.945	»
Safi (intra muros)	1.600.165	»
Mogador	1.664.625	»
Marrakech	19.741.787	»
soit un total pour 9.826 immeubles de	47.657.869	P.H.

qui rapportaient jusqu'à présent 717.090 P. H., c'est-à-dire 1,5 o/o : à peine de quoi entretenir les constructions que l'ancienne administration avait laissé tomber en ruines.

Le total des loyers proposés par les commissions de recensement s'élève à 1.759.258 P. H., représentant en revenu environ 3 o/o. Il est impossible de préciser l'époque à laquelle ce chiffre pourra être atteint ; mais dès aujourd'hui on peut affirmer que dès 1917 ce revenu permettra d'assurer le traitement des fonctionnaires de l'administration centrale du culte et de la justice musulmane, de commencer l'organisation du haut enseignement musulman et de reprendre quelques œuvres de charité qui avaient été abandonnées

On voit clairement par ces résultats si rapidement assurés tous les bons effets de notre contrôle.

IV. — Les Travaux publics

C'est sous une tente dressée dans le cimetière El-Allou, à Rabat, en octobre 1912, que la direction des travaux publics a commencé ses premiers plans, ceux du port de Casablanca : débuts bien modestes dans la forme, mais bien symptomatiques.

On ne trouve, en effet, au Maroc, aucune côte hospitalière, pas de porte d'entrée qui puisse procurer un accès commode aux hommes et aux produits. Non seulement on ne disposait que de rades foraines dont l'entrée était incertaine à cause de la barre et sans quais d'accostage, mais encore à l'intérieur il n'y avait aucune route, ni pont ; les pistes que l'on utilisait, vagabondes elles-mêmes, se transformaient en fondrières poussiéreuses pendant l'été, en cloaques de boue pendant l'hiver, et l'on franchissait les oueds aux gués praticables quand il s'en trouvait. Tout trafic intérieur ou extérieur était, de ce chef, grevé de lourdes charges et de frais qui entravaient gravement la vie économique normale du pays. Il a donc fallu tout improviser : ports, quais, magasins de douanes, routes, ponts, et, dès aujourd'hui, on se préoccupe du réseau de chemins de fer ; il fallait aussi assainir les villes, les doter de voies de circulation modernes, de marchés, les pourvoir d'eau potable et d'égouts d'évacuation des eaux usées : travaux d'intérêt urbain qui, là-bas, ressortissent aux ponts et chaussées, car les municipalités à peine ébauchées n'avaient pas de budget ni de personnel capable d'en assurer l'exécution.

On vient précisément d'amorcer encore l'organisation d'un service des améliorations agricoles et foncières qui aura dans ses attributions les barrages, irrigations, drainages et dessèchements. Ce service devra évidemment fonctionner avec celui des reboisements qui ressortissent aux forêts. On étudie déjà le dessèchement de 50.000 à 60.000 hectares au nord, dans le Gharb, chez les Beni-Hassen et dans la vallée de l'oued Rdom.

Les travaux publics, d'ailleurs, parlent aux yeux les moins observateurs ; ils frappent l'imagination et procurent aux populations des avantages matériels vite appréciés de tous, et, il est à peine besoin de souligner à cette place, que dans un pays de colonisation, plus que dans un pays vieux, leur exécution distribue des salaires qui contribuent, eux aussi, à le vivifier et à l'enrichir : d'où profit personnel, quelquefois considérable, qui s'ajoute au profit national que l'on retire de leur mise en service.

C'est l'acte d'Algésiras (art. 66) qui a donné jusqu'ici les moyens de faire face aux dépenses des travaux publics par la création « à titre temporaire, d'une *taxe spéciale* de 2 1/2 p. 100 *ad valorem* sur toutes les marchandises d'origine étrangère importées au Maroc. Le produit intégral de cette taxe forme un fonds spécial affecté aux dépenses et à l'exécution de travaux publics destinés au développement de la navigation et du commerce en général dans l'empire chérifien. » Toutefois en raison de l'activité des chantiers, ce revenu reste au-dessous des besoins. Pour l'avenir, il est vrai que les villes ne peuvent plus guère s'attendre à voir payer les travaux municipaux sur ces ressources et qu'elles n'ont à compter que sur les taxes locales qu'elles établissent elles-mêmes.

D'autre part, le protectorat a dû se préoccuper des besoins

pressants et nombreux du pays : une première loi en date du 16 mars 1914 autorise le gouvernement du Maroc à contracter un emprunt de 170.250.000 francs, qui fut porté à 242 millions par la nouvelle loi du 25 mars 1916 (voir plus loin au Chapitre des finances), dont l'affectation principale, avec la régularisation de la trésorerie, est la dotation des travaux de mise en valeur du vaste champ d'exploitation qui s'offre à notre activité. Le montant de ces emprunts doit être réalisé par tranches dont l'émission ne peut avoir lieu qu'en vertu de décrets spéciaux. Le premier de ces décrets porte la date du 1er juin 1914 et a autorisé l'émission de 70 millions d'obligations par le canal de la Banque du Maroc, et un second et récent décret du 24 décembre 1916 vient d'autoriser à nouveau le protectorat à se procurer sous forme d'avances remboursables — étant donnée la situation du marché — 40 millions à valoir sur le produit de l'émission de la prochaine tranche d'emprunt.

Voici d'abord les caractéristiques du port de Casablanca, métropole commerciale incontestable du Maroc: une grande jetée, celle-là même qui avait été amorcée en 1908, part du pied des remparts au sud de la ville ancienne, d'abord perpendiculaire, puis sensiblement parallèle à la côte et se termine après un parcours de 1.900 mètres ; une seconde jetée transversale, de 1.400 mètres de longueur, se détache du rivage à 1.800 mètres environ de l'enracinement de la première, vient à la rencontre de celle-ci en formant un triangle un peu irrégulier qui sera le port proprement dit. C'est dans cette seconde jetée, vers son extrémité, que sera réservée une passe d'entrée de 250 mètres protégée par 300 mètres d'éperon de la première. Avec leurs puissants massifs de fondations, faits de blocs dont le poids atteint jusqu'à 100 tonnes, à leur épais radier de béton que surmontent des murs de garde, elles seront l'une et l'autre assez fortes pour résister à tous les assauts de la lame et abriter les navires contre la houle du large.

A l'intérieur est ménagé un petit bassin entouré de deux jetées plus modestes, comportant une darse destinée aux petites embarcations et le terre-plein réservé aux mouvements des passagers, accostable aux bateaux de 3 mètres de tirant d'eau.

Au demeurant, le port de Casablanca disposera dans quelques années d'une superficie de 141 hectares en eau avec une profondeur de 12 mètres à l'entrée.

Des quais en eaux basses existent déjà et on en construit en eau profonde accessibles aux navires de toutes dimensions, à mesure que s'avancent les grands ouvrages de couverture. Ce port, achevé, sera presque aussi vaste que celui d'Oran et pourra suffire à un trafic de 1.500.000 tonnes ; son agrandissement sera toujours possible et facile par l'allongement de la jetée du large et la construction d'une seconde jetée transversale.

La construction du port de Casablanca a été adjugée en mars 1913 à MM. Schneider et Cie et la Compagnie marocaine. Elle a déjà été dotée d'un crédit de 50 millions, mais son achèvement coûtera beaucoup plus cher. Les travaux sont actuellement menés très activement.

Un jour viendra, sans doute assez prochain, où s'ouvrira pour nous ce Sous mystérieux que nous occupons à peine jusqu'ici, alors il faudra, là, construire le port des mines et faire à Agadir ce que l'on a fait à Sfax, à l'extrémité orientale de notre Afrique du Nord. Ce sera plus facile, car les parages sont favorables, mais ce sera pour plus tard.

Pour Mazagan, Safi et Mogador, 9 millions de dépenses sont prévus ; il ne saurait être question d'abris ni de quais accessibles aux navires de haute mer, mais il faut les doter néanmoins de moyens pratiques d'embarquement et de débarquement par la construction de quais munis d'engins de manutention et de voies ferrées dans des bassins où les remorqueurs et barcasses, condamnés aujourd'hui à l'échouage de la mi-marée, pourront pénétrer à toute heure. A Safi, on avait construit hâtivement, en 1909-1910, un appontement en fer qui a été partiellement détruit au bout de peu de temps ; on vient d'en construire un nouveau qui se rattache à un îlot que l'on a arasé jusqu'au niveau du quai, lequel a 36 mètres de long et 10 mètres de large.

Au nord, c'est Fedalah que l'on aménage. L'abri naturel constitué par les deux îlots qui l'abritent contre les grandes houles du nord-ouest a été complété par des digues, et approfondi par des dragages. Ce travail est fait sans contribution, sans garantie, par les grands entrepreneurs bien connus, Hersent frères.

A Rabat, trois quais nouveaux émergent déjà sur le vaste estuaire du Bou-Regreg, dont l'un sur la rive droite destiné au trafic de Salé. Enfin, à Kénitra, un appontement de 200 mètres sur le Sebou est terminé. Pour ces deux ports spécialement de grands travaux plus difficiles resteront à faire ultérieurement pour dévaser l'embouchure des fleuves dont la barre est formidable, changeante et capricieuse, afin qu'ils puissent recevoir des navires calant 5 mètres.

Bien entendu, l'outillage des quais, grues, voies ferrées et magasins est compris dans les plans des ports dont il est question ici.

D'autre part, trois grands phares ont été construits, l'un pour l'éclairage des côtes, à El-Hank, dominant l'entrée de Casablanca, les autres à Mazagan et au cap Cantin; un quatrième doit être construit au cap Sims dès que la région au sud de Mogador sera complètement pacifiée.

Pour les routes, les détails seraient oiseux, qu'il me suffise d'en donner un aperçu général : d'après la note qui m'a été remise par la direction et que j'ai d'ailleurs pu contrôler expérimentalement en automobile :

Rabat-Casablanca, 90 km., terminée ;

Rabat-Tanger, terminée de Salé à Kénitra, 36 km.;

Kénitra-Fés, 30 km., terminée à partir de Fés ;

Meknès-Fés, 50 km., terminée.

Casablanca-Marrakech, terminée jusqu'au grand pont en fer de 104 mètres de Mechra-ben-Abbou sur l'Oum-er-Rebia, lequel a été construit par le génie pour le passage du Decauville militaire et provisoirement, au moins, de la route. Il a été mis en service le 23 mars 1913 ;

Casablanca-Mazagan, 90 km., terminée ;

Mazagan-Marrakech, terminée sur 80 km. de Mazagan à Sidi-ben-Nour et sur 10 km. à partir de Marrakech ;

Mogador-Marrakech, terminée sur 30 km. seulement ;

Fedhala-Camp Boulhaut, 22 km., terminée.

Les tronçons non terminés de ces routes sont en voie de construction très active, ainsi d'ailleurs que la plupart des autres non citées ici et prévues dans le plan général adopté qui en comporte déjà 1.947 kilomètres au total, de façon à sillonner le pays dans tous les sens, et relier en même temps le sud au nord, Agadir à Tanger, l'est à l'ouest, de l'Atlantique jusqu'au delà de l'Atlas et au Sahara. Ce réseau doit se raccorder avec le réseau algérien par Taza et le Maroc oriental, puis plus au sud vers les régions du Touat. Ces routes, aussi belles que nos grandes routes de France, coûtent de 30.000 à 50.000 fr. par kilomètre. Et l'on est, dès maintenant, décidé à mettre en chantier un réseau secondaire de 450 kilomètres environ, pour les besoins de l'exploitation des ressources locales du pays, qui ne coûterait plus, en raison de la réduction de la plate-forme, que 9 millions, soit 20.000 francs par kilomètre en chiffre rond.

Malheureusement, les matériaux résistants sont rares dans certaines régions ; il faut ouvrir des carrières nombreuses un peu partout. Les Arabes y trouvent leur occupation aussi bien que sur les chantiers des ports.

Il n'y avait, à notre arrivée, pas de ponts au Maroc, sauf deux ou trois ponts portugais anciens, on en construit maintenant sur toutes les routes que l'on ouvre à la circulation, quelques-uns fort intéressants par les difficultés vaincues, qui ne sont pas le moindre émerveillement des indigènes et bientôt seront des curiosités pour les touristes ; je ne m'attarderai pas à les décrire.

D'autres, très importants et très urgents, sont encore ajournés, à Azemmour vers l'embouchure de l'Oum-er-Rebia, dans le Gharb au nord sur le Sebou, et surtout dans la capitale même sur le Bou-Regreg, entre Rabat et Salé : pour ces trois ponts, il s'agit d'œuvres considérables que l'on mènera à bonne fin, sans doute en construisant les voies ferrées qui les emprunteront en même temps que les routes. En attendant, on pourvoit à ces passages de fleuves par des bacs de grandes dimensions, à traction par câbles, qui assurent des communications faciles, quoique parfois entravées par les crues des eaux.

Si l'on compare l'effort réalisé jusqu'ici avec les besoins réels de ce pays de colonisation, on trouve que l'effort est beau, digne d'éloges sans conteste, mais qu'il faudra le continuer encore bien des années pour satisfaire à tous les besoins, car les routes sont surtout un prélude, les artères vivifiantes de la circulation et de la mise en valeur de tout le territoire qu'il faudra assurer ensuite par la colonisation.

Il reste incontestable cependant que les routes ne sauraient à elles seules suffire à la vie économique d'un grand pays, même après les étonnants progrès de l'automobilisme — dont il est fait un très grand usage au Maroc — leur capacité de transport reste trop faible et les prix deviennent rapidement prohibitifs pour les échanges à longue distance. L'instrument nécessaire, tant à l'industrie qu'au commerce et à l'agriculture, cela va de soi, c'est le chemin de fer.

Mais sur cette question, comme sur tant d'autres, notre initiative même reste encore dominée par l'acte d'Algésiras. Si les lettres annexes du 4 novembre 1911 ne nous lient plus depuis la guerre, nous restons tenus par nos engagemnts avec l'Espagne.

Dès les premiers mois de 1913, une commission réunie au ministère des Affaires étrangères à Paris, décidait que la voie ferrée à construire serait du gabarit des grandes voies françaises et algériennes, de 1 m. 44, solution heureuse qui permet d'escompter pour un avenir rapproché, le raccordement direct de Casablanca-Fés avec Oran, Alger et Tunis et la mise en service de trains directs, sans coupure de l'est à l'ouest de notre Afrique du Nord. L'obligation de mettre en adjudication la première, la ligne de Tanger-Fés, qui traverse la zone espagnole, devenait secondaire. On se mit immédiatement à l'étude et les ingénieurs de Madrid ont très gracieusement adhéré à celui des nombreux tracés reconnus par nos ingénieurs sur lequel s'était fixé le choix du gouvernement du protectorat. Se dirigeant droit au sud à partir de Tanger, croisant la frontière à El-Ksar, franchissant le Sebou à Mechra-bel-Ksiri, il rejoint à Petitjean, à son débouché dans la plaine, la vallée du Rdom qu'il remonte pour gagner Meknès, puis il se dirige vers l'est pour aboutir à son terminus Fés. Cet itinéraire est direct, de construction relativement facile, et la richesse des régions qu'il traverse permet d'espérer que son exploitation deviendra promptement rémunératrice. La compagnie unique qui doit construire et exploiter cette ligne s'est définitivement constituée en juin 1916 par une association de la Compagnie générale de l'Afrique du Nord pour l'Espagne et de la Compagnie générale du Maroc pour la France. La convention de concession a été ratifiée dans les premiers mois de 1914, par les parlements des deux pays.

L'adjudication des travaux, retardée par les événements politiques, étant aujourd'hui définitivement annoncée (depuis février 1917), la France reprend son entière liberté pour tout l'ensemble du réseau qu'il lui conviendra d'établir.

Entre Mechra-bel-Ksiri et Fés, les études, dont le protectorat a avancé les frais, sont achevées et de petits travaux préparatoires sont déjà commencés. Cette amorce, par sa situation, servira de liaison entre les futures lignes du Maroc oriental et celles du Maroc occidental.

L'ensemble du réseau prévu a reçu l'assentiment du Parment (1). Il comporte :

1° Une ligne se détachant à Petitjean de la ligne Tanger-Fés pour aboutir à Kénitra, soit 85 km. (pour aboutir à Larache, le seul port espagnol qui puisse concurrencer Kénitra, il y aurait 132 km.);

2° Une ligne Kénitra-Rabat-Casablanca, mesurant 135 km., qui s'incorpore dans notre future ligne impériale de l'Afrique du Nord ;

(1) Rapport parlementaire de M. Maurice Long, député.

3° Une ligne de 80 km. de Kénitra vers Tanger-Fés qu'elle rejoint à Arbaoua en traversant le Gharb et la plaine du Sebou, régions très riches ;

4° Une ligne de Casablanca à Marrakech, longue de 240 km. qui desservira la Chaouia ;

5° Enfin une ligne de 300 km. environ qui complétera notre grande ligne impériale en partant de Fés pour rejoindre la frontière algérienne par Taza et Oudjda.

Depuis le 1er mars 1916, en vertu d'une convention passée le 29 janvier avec le protectorat, un consortium formé par la Compagnie du Maroc (Tanger-Fés), la Compagnie Paris-Lyon-Méditerranée et la Compagnie d'Orléans s'est chargé d'étudier à ses frais les lignes de Casablanca à Rabat, de Casablanca à Marrakech et de Kénitra à Souk-el-Arba. Cette convention réserve entièrement la liberté du protectorat pour la concession de ces lignes, le protectorat étant simplement tenu de rembourser les frais des études, dont il deviendra propriétaire si le consortium n'obtient pas la concession des lignes.

Les études des lignes Petitjean-Kénitra-Rabat et Oudjda-Taza sont poursuivies directement au compte du protectorat.

Les études sur le terrain, de Casablanca à Petitjean par Kénitra, sont aujourd'hui terminées. D'ailleurs, sur de nombreux points du parcours, on n'aura guère qu'à rectifier le tracé provisoire du Decauville existant.

Car, depuis trois ans, fonctionne déjà sur cet itinéraire de Casablanca à Fés, sans pont à Rabat, un petit chemin de fer à voie étroite de 0 m. 60 construit par le génie militaire pour les services de l'armée et qui a été ouvert au public et au trafic commercial en avril 1916, mais le débit de cette petite voie est, on le comprend sans peine, très restreint.

On peut remarquer que pour toutes les lignes à l'est et au sud de Casablanca, il sera loisible si l'on en reconnaît les avantages ultérieurement, d'adopter la voie de 1 mètre qui est plus économique.

De tout cet exposé des travaux en cours ou projetés, il apparaît bien que l'effort actuel du protectorat se concentre plus particulièrement dans le Nord, plus riche et mieux connu. Le Sud aura son tour, il est peut-être moins peuplé aussi. Le Sous aura de grandes exigences mal précisées encore.

V. — Le Commerce

On ne peut certes pas accuser le gouvernement du protectorat de négliger le développement économique du Maroc. Dans plusieurs villes, il a été constitué un service de renseignements commerciaux, la plupart du temps complété par des musées, inégalement approvisionnés il est vrai, de marchandises d'importation et d'exportation, et ce que j'ai vu par moi-même m'a prouvé que les fonctionnaires qui en sont chargés mettent tout leur zèle à se rendre utiles. Sont-ils très sollicités ? Là est la question. Des prospectus, des brochures, des listes de correspondants, de courtiers, des tarifs de prix sont choses précieuses, mais encore faut-il que les commerçants, les intéressés demandent à les consulter. Il existe des musées commerciaux à Rabat, Casablanca, Fés, Meknès et Marrakech, les deux premiers seuls sont suffisamment pourvus. Il faudrait aussi amplifier la publicité en France. L'Angleterre et les Etats-Unis ne la négligent pas à l'heure actuelle même, au Maroc ; j'ai pu m'en rendre compte sans peine.

Il convient aussi de citer au passage la large installation des services des postes, télégraphes et téléphones. Rabat est doté de trois bureaux parfaitement outillés. Dans tous les centres, les hôtels des postes sont les premiers monuments édifiés, et la télégraphie sans fil apparait partout par ses pylônes simplifiant la construction d'un réseau télégraphique.

Les communications télégraphiques avec la France sont largement assurées, non seulement par la télégraphie sans fil, mais encore par des câbles sous-marins. Au cours de 1916, un nouveau câble direct entre Brest et Casablanca a été mis en service.

Quoi qu'il en soit, l'étude des documents statistiques du commerce extérieur, publiés avec soin et exactitude parce qu'ils sont dressés par les services du contrôle de la dette, institution internationale, est assez consolante et même instructive.

Il est impossible de donner ici les innombrables statistiques et encore moins les graphiques qui m'ont été fournis au Maroc; mais il est intéressant néanmoins d'en détacher les faits saillants et d'en dégager les enseignements qu'ils peuvent comporter. Deux publications fondamentales sont à consulter sur la matière, le *Rapport sur les commerces français, anglais, allemand et austro-hongrois de* 1902 *à* 1913 et le *Rapport sur le mouvement commercial de la zone française en* 1915 ; ce dernier en feuillets et non encore imprimé.

Voici d'abord les chiffres, en milliers de francs, des importations de la période d'avant la guerre européenne, qui permettent de mettre en lumière ce que la France a pu obtenir au Maroc par sa politique d'intervention :

	1902	1909	1911	1912	1913
	—	—	—	—	—
France	14.463	35.804	45.359	68.131	129.295
Angleterre	28.850	32.340	29.334	50.725	44.412
Allemagne	4.109	5.097	7.861	13.209	18.250
Importation totale.	53.038	80.050	94.279	152.487	231.217

Et voici maintenant les exportations à destination des mêmes pays :

France	6.635	15.452	31.373	24.533	22.851
Angleterre	14.162	19.980	19.644	15.617	6.563
Allemagne	5.209	8.486	17.429	17.839	8.657
Exportation totale.	38.508	52.563	83.600	75.047	46.465

Le chiffres des années 1902 à 1904 représentent seulement le commerce par mer, sur les renseignements fournis par les agents des compagnies de navigation. Le contrôle n'a publié les chiffres complets d'après les douanes qu'à partir de 1905, en y comprenant le commerce avec l'Algérie.

Les pays non dénommés : Autriche-Hongrie, Espagne, Italie, Portugal, Etats-Unis, Levant et Orient, n'entrent en participation dans le commerce marocain que pour une fraction minime, variant au total de 10 à 20 p. 100. A remarquer, avant d'aller plus loin, que l'année 1913 a été au Maroc une année de mauvaise récolte, ce qui explique la faible valeur des exportations, celle des importations paraissant, au contraire, exagérée.

Dans un résumé — que je crois devoir reproduire ici presque en entier, tant il est suggestif — mis sous forme de conclusion dans son rapport, le contrôle de la dette s'exprime ainsi :

« Différentes causes ont favorisé les exportations allemandes dont les principales sont :

1° Taux du fret, moins élevé pour Hambourg que pour Marseille, qui attirait dans le grand port allemand un grand nombre de produits marocains;

2° Admission en franchise, en Allemagne, de certains produits naturels du Maroc ;

3° Obligation imposée par les consuls aux protégés allemands, censaux et associés agricoles de vendre leurs produits aux maisons de commerce allemandes.

Malgré une propagande active, malgré une adaptation très remarquable de sa production aux besoins indigènes, l'Allemagne n'a pas obtenu au Maroc un résultat en rapport avec son effort. C'est justement l'importation allemande qui a le moins progressé.

Tandis que la France et l'Angleterre fournissaient au Maroc plus qu'elles ne lui achetaient, l'Allemagne a presque toujours acheté plus qu'elle n'a vendu à l'Empire chérifien, auquel elle a payé en numéraire l'excédent de ses achats sur ses ventes. Cette constatation démontre que l'Allemagne a médiocrement atteint, au Maroc, le but que lui imposait la surproduction de son industrie. » Elle n'y a pas trouvé le débouché qu'elle cherchait et qu'elle escomptait, malgré les grandes facilités de crédit qu'elle accordait à ses acheteurs.

Pour nous, Français, ces relevés peuvent nous satisfaire. En 1902 et 1903, notre part des importations s'élevait à 27,26 et 30

p. 100 du total, tandis que la part de l'Angleterre était de 54,39 et 51,48 p. 100, en 1911 et 1913 ces mêmes taux de proportion sont respectivement, de 48,11 et 55,91 p. 100 pour la France et seulement de 31,11 et 19,20 p. 100 pour l'Angleterre. Ce progrès est d'autant plus sensible que, entre les deux dates extrêmes de la période envisagée, le commerce total du Maroc est passé de 91.545.000 francs à 277.681.000 francs. Le commerce allemand, avec des alternatives de hausse et de baisse, a conservé une participation variant de 9 à 12 p. 100.

Les avantages de notre politique coloniale au Maroc apparaissent ici clairement, nos efforts n'ont pas été vains, les résultats obtenus sont plus brillants que ceux que nous avions précédemment acquis en Indo-Chine dans une période comparable de temps, et prouvent, par un fait inattendu, que le Maroc est bien, pour nous, le complément économique de l'Algérie et de la Tunisie, ce qui doit s'affirmer plus nettement encore à l'avenir, même sur des terrains d'activité essentiellement différents du terrain des affaires.

Il y a lieu d'observer, en outre, que les statistiques marocaines ne donnent pas toute la somme du commerce français, car elles ne comprennent pas les importations directes de l'autorité militaire qui, chaque année, atteignent un chiffre considérable.

Si l'on veut apprécier la véritable physionomie du mouvement commercial pendant l'année 1915, dont les résultats sont connus aujourd'hui, il est utile de les comparer non seulement avec les chiffres de 1914, mais aussi avec ceux de 1913. En effet, au début des hostilités, la perturbation dans les moyens de transport, la désorganisation partielle du commerce lui-même ont été telles qu'il y eut un arrêt presque total des échanges au cours du second semestre de 1914. Le Maroc vécut sur ses stocks. Puis, le conflit se prolongeant, il a fallu vivre dans la guerre, et une certaine stabilité de guerre s'est rétablie au cours de l'année 1915.

Voici les chiffres du commerce total pendant ces trois années, en francs :

	1913	1914	1915
Importations	149.794.943	104.215.200	143.750.847
Exportations	30.860.291	21.877.437	48.680.459
Totaux....	180.655.234	126.092.637	192.431.306

Les chiffres de 1913 sont ici largement rectifiés, les importations n'apparaissent plus que pour 149 millions au lieu de 231 et les exportations pour 31 millions au lieu de 46, le seul trafic de la zone espagnole, qui n'est pas compris dans les nouvelles statistiques citées, ne suffirait pas à expliquer ces différences; ils indiquent cependant des progrès sensibles à l'exportation au moins.

Les Allemands et les Austro-Hongrois ne figurent plus dans le décompte, ce sont les commerces espagnol, hollandais, américain et égyptien, qui ont profité de l'absence de la concurrence des nations ennemies et qui ont bénéficié des prohibitions de sortie édictées sur certaines marchandises par les pays alliés. Puis viennent, dans des proportions moindres, l'Italie, la Tunisie et le Portugal. La part de la France s'est encore relevée de 52,74 à 55,24 p. 100, celle de l'Angleterre de 21,14 à 27,61 p. 100 à l'importation ; après ces deux participations, il n'y a guère lieu de citer, pour 1915, que les importations de l'Espagne qui entrent pour 5,67 p. 100 ; celles de l'Egypte, 4,56 p. 100 ; des Pays-Bas, 2,92 p. 100, et de l'Italie, 1 p. 100.

Quant aux exportations marocaines, elles se décomposent ainsi en 1915, par destinations :

	Francs		Francs.
France.......	32.681.098	Espagne........	983.151
Angleterre....	12.227.538	Italie...........	692.736
Tunisie.......	1.490.221	Autres pays.....	605.715

L'analyse de ces statistiques, par natures de marchandises, et par pays d'origine et de destination, est un travail considérable, mais instructif ; on ne peut la négliger tout à fait.

Les principaux produits d'importation au Maroc sont les sucres et les tissus de coton, en seconde ligne les farines, le thé, le bois, le vin, les pierres, les métaux, les confections, les ouvrages en métaux.

Pour les sucres, c'est la France qui tient le premier rang avec 68 p. 100 en 1913; c'était, la même année, l'Allemagne qui occupait le second rang avec 14 p. 100, et l'Autriche-Hongrie le troisième avec 9 p. 100.

Les nations ennemies ayant disparu, c'est la France et l'Egypte surtout qui les ont remplacées. A cause du renchérissement du produit, les quantités importées ont baissé de 66.360 tonnes, en 1913, à 57.898 tonnes en 1915, mais les valeurs se sont élevées de 30 millions en 1913 à 47.700.000 en 1915. L'Egypte, avec 6.500.000 francs, s'est exactement substituée à la Belgique, l'Allemagne et l'Autriche-Hongrie qui, ensemble, en importaient pour 6.444.000 francs en 1913.

Pour les tissus de coton, le Maroc en importait pour 24.700.000 fr. en 1913, malgré la hausse des valeurs les quantités s'élèvent également en 1915. C'est l'Angleterre qui absorbe la presque totalité du marché avec 22 millions en 1915 sur un total de 26.500.000 ; la part de la France s'est un peu relevée cependant, de 12,20 à 16,60 p. 100, soit à 4 millions.

Les importations de thés anglais se sont élevées de 4 millions un quart à 6 millions et demi de francs : ce sont eux qui ont pris la place des thés allemands. La part de la France n'est que de 5 p. 100, il semble cependant que nos thés verts d'Annam pourraient occuper un rang plus important et que même nos maisons de commerce de Marseille et de Lyon pourraient traiter à la commission une plus grande proportion des thés de Chine actuellement fournis par les maisons anglaises.

Dans les tissus de laine et confections, la France occupe toujours le premier rang, mais elle a perdu en valeurs à cause de l'occupation allemande de nos fabriques du Nord.

L'article bougies présente une augmentation très sensible en valeur et en quantité. L'Angleterre continue à occuper le premier rang ; les importations françaises sont en très sérieuse progression, grâce à la fabrication des bougies de paraffine, les seules que consomment les indigènes, entreprise par la puissante maison Fournier de Marseille. Elle figurent à l'entrée pour 815.000 francs en 1915, contre 145.000 en 1913. Les bougies de stéarine ne pourront accroître leurs débouchés que par la consommmation européenne — pour quelques années du moins.

En ce qui concerne les savons ordinaires, cet article est en augmentation en valeur et en quantité ; le Maroc consommait presque exclusivement du savon noir en pâte qui lui était fourni surtout par l'Angleterre, l'Allemagne et la France au troisième rang.

La disparition des potasses allemandes destinées à la fabrication locale des savons mous a bénéficié surtout à l'Angleterre.

La consommation des savons blancs de Marseille a également augmenté et s'est élevée de 241.000 à 464.000 francs : elle ne peut que s'accroître régulièrement, à mesure que la population européenne deviendra elle-même plus nombreuse.

Exportations de la zone française du Maroc pendant l'année 1915 par pays de destination (en millions de francs).

France........	32.680	Italie...........	693
Angleterre....	12.228	Etats-Unis.......	273
Allemagne....	»	Portugal........	220
Espagne......	983	Egypte..........	41
Tunisie.......	1.490	Autres pays.....	72

soit un total de 48.680.459 francs, contre 30.860.291 en 1913 et 21.877.437 en 1914.

Avec les pavillons ennemis ont malheureusement disparu aussi les pavillons alliés de la Russie et de la Belgique. La France pour 67 p. 100 et l'Angleterre pour 25 p. 100 reçoivent à elles seules environ 92 p. 100 des exportations marocaines.

L'Espagne, qui figurait dans ce tableau en 1913 pour plus de 4 millions, a vu son commerce baisser des trois quarts en 1915. Par contre, la Tunisie, qui ne figurait pas aux statistiques de

1913, apparaît, en 1915, avec un chiffre de près de 1 million et demi, soit 675.000 francs d'orge et 805.000 de blé.

On le voit, le commerce français a largement amélioré sa position d'acheteur au Maroc : en 1902, sa part n'était que de 17,23 p. 100 du total ; en 1906, elle s'élève à 45,77 p. 100 et elle est des deux tiers en 1915.

La part du commerce allemand a varié beaucoup, entre 10 et 24 p. 100 de 1902 à 1913 (18,50 p. 100 en 1913). Elle est nulle évidemment en 1915.

Les principales marchandises d'exportation du Maroc sont les peaux brutes, la laine en suint, ou lavée exceptionnellement, la cire brute, les céréales, les légumes secs et autres farineux alimentaires, puis les fruits et graines, les huiles d'olive et les gommes et résines. La France reçoit la majeure partie des laines et des peaux ; les céréales présentent des oscillations considérables entre les divers pays de l'Europe, France, Angleterre et Allemagne, suivant les rendements des récoltes dans ces pays ; la cire allait surtout en Allemagne : on en vend beaucoup plus à Marseille aujourd'hui ; les huiles d'olive, de médiocre qualité, ne venaient guère en France, ni les gommes et résines que se partageaient surtout l'Angleterre et l'Allemagne, celle-ci tendant à grossir sa part jusqu'en 1913, mais disparue en 1915.

Un nouvel équilibre s'établit donc, Marseille, Bordeaux et les ports du nord de la France : Le Havre, Boulogne et Dunkerque sont appelés à prendre une plus large place dans le commerce marocain.

Il est curieux de ne pas voir figurer aux exportations les moutons ; il en vient cependant en quantités notables, mais on les fait passer, sans déclaration, à travers la frontière orientale mal jalonnée de postes douaniers, en Algérie, et on les embarque à Oran pour Marseille, où ils débarquent en franchise comme moutons algériens : la traversée par mer est d'ailleurs bien plus courte que par les ports atlantiques du Maroc, par conséquent plus économique, et, au surplus, occasionne moins de pertes d'animaux vivants. On doit aussi envisager la possibilité éventuelle d'exporter des bovidés, sinon immédiatement, du moins dans un avenir rapproché, sinon comme bétail sur pied, au moins comme viandes abattues. Et, à ce point de vue, la création d'un ou de plusieurs frigorifiques en quelques points bien choisis s'impose.

De même, il est à prévoir que lorsque le Maroc disposera d'un réseau de voies de communications convenablement ramifiées, il deviendra, comme l'Algérie, un pays d'exportation de céréales. En étudiant spécialement l'agriculture marocaine, j'aurai à revenir sur ces problèmes de grande importance.

VI. — Le Régime douanier

Le commerce ne peut être que l'auxiliaire de la production; les douanes peuvent, au contraire, l'entraver ou la favoriser. Au Maroc, la question douanière, tant à l'importation qu'à l'exportation, est une source inépuisable de complications et de difficultés, pour la plupart insolubles jusqu'à présent et pour quelques années encore. Il faudra d'abord réviser la Conférence d'Algésiras; il faudra ensuite de longues négociations avec les puissances, l'Angleterre et l'Espagne surtout, pour se débarrasser d'entraves anormales, avant de pouvoir reconquérir une liberté d'action indispensable; il faudra enfin que notre Parlement vote des mesures soigneusement étudiées et mûries dans leurs conséquences, pour y mettre, d'accord avec le Maghzen, un peu de clarté.

Nous sommes encore en territoire étranger au Maroc, sauf en ce qui concerne l'Algérie.

Il est absolument illogique que l'on ait constitué une zone de territoire espagnol, sans douane qui la sépare de la zone française, quel que soit l'intérêt que l'on ait eu, au moment où se constituait cette bizarrerie politique et économique, à ménager l'autorité du sultan: il n'y avait là qu'une complication diplomatique sans portée efficiente, car le pouvoir du Maghzen n'était pas plus grand en restant unifié qu'en étant divisé en deux ou trois zones où l'action des puissances européennes restait, en fait, prépondérante.

Nous avons vu plus haut que tous les accords internationaux maintiennent « l'égalité économique » pour toutes les nations au Maroc. La déclaration franco-britannique du 8 avril 1904 (art. 4) est plus explicite encore : « Les deux gouvernements également attachés au principe de la liberté commerciale, tant en Egypte qu'au Maroc, déclarent qu'ils ne s'y prêteront à aucune inégalité, pas plus dans l'établissement des droits de douane ou autres taxes, que dans l'établissement des tarifs de transport par chemin de fer. Cet engagement réciproque est valable pour une période de trente années ».

Cette clause tourne au seul avantage de l'Angleterre, car nous n'avons aucun moyen pratique d'aborder l'Egypte autrement que par voie de mer. Et l'Angleterre nous a demandé à maintes reprises comment nous allions laisser transiter ses marchandises.

Le rapport de M. Barthe, député (1), montre la complexité de la question.

On sait que la loi du 17 juillet 1867 a définitivement consacré la liberté des échanges entre la France et l'Algérie. Dès 1885, une commission spéciale, nommée par le gouverneur de l'Algérie, pouvait constater que le sucre, le café et le thé d'origine étrangère pénétraient par le Maroc et arrivaient en Algérie en évitant les douanes françaises. Le décret du 24 juillet 1890, réagissant, soumit à la vérification à l'entrée les armes, les denrées coloniales et les tissus de coton.

Et n'a-t-on pas vu des caravanes venir du Sud Algérien s'approvisionner, sans se préoccuper d'aucune frontière douanière, au Cap de l'Eau ou à Mélilla ?

La commission parlementaire de 1914 concluait à l'abrogation de l'article 6 de la loi du 17 juillet 1867 en ce qui concerne les produits naturels ou fabriqués originaires du Maroc, importés en Algérie par la frontière de terre. Les marchandises importées par cette voie seraient soumises aux conditions ordinaires de l'importation par mer. Et, pour faciliter le commerce

(1) Au nom de la Commission des douanes sur le régime douanier des produits marocains importés en Algérie (1914).

d'exportation du Maroc en France, on admettrait le contingentement, ainsi qu'il fonctionne à peu près pour la Tunisie, pour les bovins, ovins, caprins et porcins, blé dur, avoine, maïs, orge, fruits de table (ni vins, ni raisins), légumes frais, légumes secs. Ces dispositions n'ont pas encore force de loi.

Il faut, en cette matière, s'inspirer de cette double constatation : le régime de la porte ouverte est, en fait, celui qui développera le mieux la puissance économique du Maroc. Jusqu'ici, les bureaux du contrôle douanier sur les frontières de terre ont été souvent placés inconsidérément avec une grande méconnaissance des chemins suivis réellement par le commerce.

C'est un principe fondamental en économie politique et rurale que la production agricole dans une région déterminée doit être adaptée au milieu économique et physique. Et, logiquement, peut on justifier l'exploitation minière des pays neufs, ou encore leur exploitation forestière, et, en même temps, désapprouver et entraver leur mise en valeur agricole ?

Vouloir contrarier leur vocation naturelle, entraver leur développement normal, par des mesures édictées en faveur de la nation colonisatrice, c'est aller contre les lois physiques ; ce n'est pas coloniser un pays, encore moins éduquer les populations dont on veut élever le niveau social : c'est préparer l'échec à échéance plus ou moins retardée d'un grand nombre d'entreprises économiques, et peut-être la ruine du pays même pour un temps indéterminé.

Les tarifs douaniers, aussi bien dans les colonies que dans la métropole, doivent donc être avant tout combinés avec l'objectif de stimuler leur développement; la mère-patrie y trouvera sûrement dans tous les cas plus d'avantages, par simple répercussion, que si elle méconnaît ou néglige ce principe. L'avenir, c'est le présent futur; et, si redresser une erreur est toujours difficile et pénible, c'est parfois impossible.

Laissons à nos colonies et aux colons toute liberté de produire, d'exploiter, dans les conditions indiquées par les influences du milieu économique et naturel; le temps et les échecs ou le succès se chargeront bien vite d'indiquer quelle est la bonne voie. Et ne faisons intervenir une législation de contrainte que le moins possible.

Tandis que les colonies anglaises, sauf l'Inde, favorisent la métropole par l'application de tarifs de faveur ou par l'exonération pour les produits manufacturés originaires de la Grande-Bretagne, suivant le principe de la *préférence coloniale,* en France on semble plutôt s'orienter vers l'application de la *préférence métropolitaine* qui, évidemment, favorise les colonies. Sauf pour l'Indo-Chine, Madagascar et l'Algérie, qui bénéficient à peu près du régime anglais, pour la Tunisie, le Gabon-Congo et le Maroc, en raison d'engagements internationaux dont on ne peut attendre la modification que par la voie diplomatique, on ne peut recourir qu'à la préférence métropolitaine.

La question douanière dans les colonies n'est que secondairement une question de profits immédiats. La métropole doit consentir, dans toute la mesure conciliable avec sa propre richesse, les sacrifices jugés nécessaires pour favoriser le développement de ses territoires d'outre-mer. Par là, le régime douanier colonial se rattache aux origines politiques et sociales mêmes de la colonisation : il n'en constitue que l'un des éléments, mais non le moindre.

On trouvera plus bas, au chapitre des Impôts, quelques précisions sur les tarifs douaniers appliqués au Maroc. Les droits d'exportation y sont plus nombreux encore que ceux que nous avons trouvés en 1881 en Tunisie, et que nous avons eu tant de peine à faire disparaître graduellement, mais qui cependant peuvent se justifier dans un pays où les impôts directs et de transmission sont difficiles à établir. Donc, une étude minutieuse s'impose à ce point de vue.

CHAPITRE III

LES FINANCES DU MAROC

Je n'ai pu me dispenser de rappeler ici quelques-uns des événements de ces quinze dernières années qui ont été la cause déterminante de la transformation du Maroc économique et financier.

L'ancien Maroc prospère des Almohades et des Almoravides a disparu depuis longtemps. Depuis deux siècles au moins, jusqu'à l'aurore du vingtième siècle, ce n'était que l'ombre d'un état ou d'un gouvernement ordonné. Dans ces conditions, étudier les finances du Maroc est une œuvre ardue, dans laquelle on ne peut mettre de la méthode et surtout de la clarté qu'en distinguant nettement trois périodes — au point de vue français s'entend.

La première, la moins intéressante, qui s'étend jusqu'à 1902 et aux premiers accords politiques, dans laquelle il n'y a qu'à signaler l'organisation chaotique des impôts et l'arbitraire, les abus et la concussion systématique de tout ce qui détenait une parcelle d'autorité en même temps que l'absence d'états budgétaires préventifs ou récapitulatifs permettant un contrôle quelque peu sérieux des resources et des dépenses. Il serait oiseux et inutile de s'attarder à l'étudier ici.

La seconde, qui commence à cette date et marque nos premiers rapports financiers avec le Maghzen, est caractérisée encore, en dépit des apparences, par un désordre indescriptible malgré l'intervention de la conférence internationale d'Algésiras qui aboutit à l'acte général du 7 avril 1906 (1) : c'est la période où les sultans gaspillent les ressources disponibles à peu près sans compter, presque sans contrôle, et avec la complicité de l'Europe pourrait-on dire: elle est néanmoins marquée par divers expédients financiers assez malheureux par leurs conséquences et par deux emprunts: l'un de 62 millions et demi, l'autre de 101 millions en 1910.

La troisième et dernière période commence avec l'organisation du protectorat français consacré par la nomination, le 28 avril 1912, du général Liautey comme commissaire résident général de la République française au Maroc. C'est l'ère des

(1) Approuvé et ratifié par le sultan le 8 juin 1906, et promulgué en France le 18 janvier 1907.

réformes fondamentales pour le pays, de la promulgation du nouveau régime sur lequel s'édifie la jeune colonie, complément de notre Afrique française. Notre action réformatrice a été, en effet, depuis 1912, extrêmement active et féconde, tant dans l'ordre législatif que dans l'ordre financier. Et c'est à cette date que commence le Maroc économique actuel, qui se développe devant nous avec énergie et résolution malgré les difficultés qu'ont fait naître non seulement l'anarchie traditionnelle du pays que l'on connaissait et à laquelle on s'attendait, mais surtout la guerre européenne déclanchée en 1914, qui dure toujours et qui a fait surgir de nouveaux problèmes.

I. — De 1902 a 1912. — Création de la Banque d'Etat

Sous la forme inorganique de jadis, les ressources coutumières de l'Etat consistaient non dans la perception d'impôts fixes, mais en tributs payés par les vaincus — revenus de guerre — et en profits de la piraterie.

Puis, peu à peu, le Maghzen s'assure des revenus plus réguliers sous forme d'impôts à bases administratives avec cette restriction que les régions soumises paient seules ces impôts; mais les chérifs, les tribus maghzen, les zaouïas en sont successivement exemptés, et, par la suite, les faveurs, les impossibilités de se faire obéir deviennent avec le temps si nombreuses que tout le poids en est finalement supporté par les plus misérables, les moins capables de les payer. Il est donc facile de voir quelles ont été les causes de la décadence du Maroc : ce sont le manque d'autorité et de puissance des gouvernements, l'imprévoyance, les faveurs érigées en système, les caprices des gouvernants, et, par dessus tout, les révoltes des tribus gouvernées par des caïds sans scrupules.

Sous le régime des dilapidations systématiques du fantaisiste Abdel-Aziz on arrive à l'apogée du désordre et les complications surgissent innombrables sous le guet des puissances à l'affût de profits possibles; le déficit permanent devient la règle, tout frein disparaît et le gouvernement est rapidement acculé à l'emprunt à l'extérieur. C'est le désarroi financier, prélude habituel de la débâcle politique.

Jusqu'en 1902, le Maroc n'a pas de dette publique, le Maghzen a su conserver son indépendance financière et, grâce à elle, l'indépendance de tous ses services le tenant à l'écart de toute intervention politique étrangère (1). Trois fois, coup sur coup, à des intervalles toujours plus rapprochés : en octobre 1902 avec la société française des Etablissements Gautsch, en avril 1903 avec les banques anglaises Cassel et Stern, en juillet 1903 avec un syndicat de banques espagnoles, il passe trois traités d'emprunts. A chaque fois, c'est un prêt nominal de 7 millions et demi pris ferme à 62 %, amortissable dès la deuxième année, avec intérêt à 6 %, commissions de banque non comprises, et gagé sur une partie des revenus douaniers. C'est maintenant un tournant de l'histoire du Maroc; tout change désormais d'aspect, la fantaisie fait place à l'affolement et les embarras politiques comme les embarras financiers s'ajoutent les uns aux autres sans interruption. On invente le nouveau *tertib* de 1901 qui promet une réforme sérieuse de l'impôt, mais qui semble ruiner définitivement la possibilité de malversation des chefs, car il comporte la suppression des cadeaux habituels aux chefs chargés de la perception, et qui, d'ailleurs, ne se présente plus avec les caractères coraniques et religieux des anciens impôts, ce qui le rend radicalement impopulaire. Faute d'argent, on ne peut payer la solde des méhallas; faute de troupeaux et de froment, on ne peut nourrir les soldats : ils vendent leur équipement et ils désertent, ils vont grossir et consolider l'armée des révoltés. Et alors surgit un chef de l'insurrection: Bou Amara, « l'homme à l'ânesse » (1902-1903), lequel, heureusement, n'est pas longtemps victorieux.

Tout ne se déroule pas sans heurts; les faits s'enchaînent et s'enchevêtrent. A la fin de 1903, Abdel-Aziz se trouve sans ressources, sans soldats pour appliquer le tertib, n'ayant plus pour faire face aux charges de trois emprunts usuraires et de ses services que les douanes. Et le commerce diminue sans

(1) Pierre Bonnet, Le Problème marocain et la Banque d'Etat. Paris, 1913. Livre Jaune, 1901-1905 : numéros 32, 56, 108.

cesse: les importations, qui étaient de 69 millions en 1903, baissent à 62 millions en 1904, et à 53 en 1905. Acculé à la banqueroute, l'infortuné sultan recourt aux expédients: on avait déjà la monnaie *hassani* (de Moulay-Hassan), monnaie d'argent du type français au titre de neuf dixièmes qui était presque en excédent, il passe successivement quatre contrats pour de nouvelles frappes de monnaie d'argent, soit 60 millions de pesetas *azizi* au titre de la peseta espagnole, dont on n'avait aucun besoin; une dépréciation immédiate de cette monnaie et de l'ancienne se produit et se manifeste par un change en perte de 20 à 30 % sur la monnaie espagnole même, avec laquelle la monnaie hassani s'échangeait auparavant au pair. Et il en résulte une crise générale qui fausse les prix, entrave les échanges et stimule les agioteurs. Les émissions d'Abdel-Aziz datent des derniers mois de 1903. En janvier 1905, le sultan, pour solder ses échéances, y compris celles des trois emprunts, doit se faire faire des avances par une maison de Tanger, en donnant pour gage les livraisons de monnaie qu'il attend « pour la valeur seulement du métal-argent qu'elles contiennent ». Le change s'élève, en 1905, jusqu'à 192.80. On a vu vendre comme lingots des pièces de certaines frappes dont le cours n'atteignait même plus la valeur métallique.

La méthode des emprunts étant instaurée dans le Maghreb, on s'habitue à y recourir avec une fréquence dépourvue de scrupules, mais, par contre, on les régularise avec plus de formes et l'on est amené à organiser de mieux en mieux les garanties offertes. L'épreuve en fut bientôt faite par une opération de grande envergure.

Le 29 janvier 1904, Si Bennis, délégué à Tanger du ministre des finances chérifiennes, porteur d'une lettre personnelle d'Abdel-Aziz vint solliciter M. Saint-René Taillandier, notre ministre plénipotentiaire, accrédité auprès du sultan, le priant de le mettre en rapports avec la Banque de Paris et des Pays-Bas pour que celle-ci consente un nouveau prêt au gouvernement impérial du Maroc (1). Ce fut M. Georges Zangarussiano,

(1) Livre Jaune, 1901-1905 : N° 138.

délégué de cette banque, qui défendit financièrement les intérêts du consortium des banques françaises prêteuses, avec beaucoup de minutie, aidé d'ailleurs par notre diplomatie. Les négociations furent longues et difficiles; elles aboutirent après cinq mois de discussions. Le firman chérifien autorisant l'emprunt est du 1er juin, et le contrat ne fut signé que le 12. Comme garanties, on avait envisagé successivement le tertib, qui n'était pas appliqué, les biens habous et les biens maghzéniens, trop difficiles à saisir; on s'arrêta en fin de compte sur les douanes, qui gageaient déjà les trois emprunts précédents. Ces douanes avaient rapporté dans les quatre dernières années de l'hégire 1318, 1319, 1320 et 1321 en tout 48.946.670 pesetas, soit en moyenne 12.250.000 pesetas par an, environ 8 à 9 millions de francs ; il fallait donc, pour que ce gage fût net, rembourser tout d'abord les trois emprunts précédents, ce qui, au demeurant, devenait fort avantageux pour le sultan. On s'entendit sur les bases suivantes : « Le montant nominal de l'emprunt est fixé à 62.500.000 francs. L'amortissement se fera en 35 années à courir du 1er juillet 1906 au 1er juillet 1941, soit 70 semestrialités égales comprenant l'intérêt et l'amortissement. Il est garanti spécialement et irrévocablement, par préférence et priorité à tous autres emprunts, par la totalité du produit des droits de douane, tant à l'entrée qu'à la sortie de tous les ports de l'empire existants ou à créer. Les droits de douane devront être toujours payés en espèces d'or et d'argent ayant cours au Maroc, sur les bases actuellement admises, entre les mains des fonctionnaires marocains qui seront quotidiennement contrôlés par un délégué des porteurs de titres. En principe, le prélèvement sur les recettes engagées est limité à 60 % du produit brut, sauf insuffisance constatée. Les banques contractantes de seconde part prennent les titres de l'emprunt sur la base de 80 % de leur valeur nominale, soit pour la somme de 50 millions de francs. Le produit effectif de cette prise ferme sera affecté: : 1° à rembourser les trois emprunts français, anglais et espagnol antérieurs (22.500.000 fr.); 2° à constituer une réserve de deux millions de francs. Et, détail qui éclaire bien des points : le représentant des porteurs doit transmettre à la banque prêteuse les sommes encaissées en pesetas hassani seulement après conversion en francs par achats de change à Tanger ou dans les autres ports. »

Dès 1906, M. Guiot, représentant des porteurs de titres, découvrit que la fraude et la collusion frustraient le Trésor de recettes douanières importantes, à Mogador notamment ; on négocia, et, en juillet 1907, dans chaque port marocain, auprès des collecteurs et des oumamas, on installait un contrôleur spécial emprunté aux cadres tunisiens et parlant couramment l'arabe : ce fut l'origine du contrôle des douanes, devenu par la suite le contrôle de la dette. Dès 1908, les recettes s'élevèrent à 10.770.000 francs, dépassant de plus de 4 millions les recettes de 1906 et de 2.300.000 francs les prévisions du représentant des porteurs lui-même.

Ainsi éclairé sur les avantages du contrôle, l'ordre et l'activité commencent à être appréciés par le gouvernement marocain et l'on réagit en divers sens en conformité de ces principes nouveaux dans le pays.

La conférence d'Algésiras s'occupa beaucoup des finances ; on y créa (art. 31 à 58) la Banque d'Etat du Maroc au capital initial de 15.400.000 francs en or, constitué en actions de 500 francs (ou l'équivalent théorique), lequel fut divisé en quatorze parts de 2.200 actions, dont deux furent réesrvées au consortium des banques signataires du contrat du 12 juin 1904, soit à la France, et les autres réparties entre les douze nations ayant adhéré à l'acte d'Algésiras (1) à raison d'une part pour chacune: chaque part donnant droit à la désignation d'un administrateur statutaire, — la France se trouve donc disposer de trois voix sur quatorze dans le conseil —. Cette banque est devenue en fait un rouage spécial de l'organisation financière du Maroc. Elle est régie (art. 44) par la loi française sur les sociétés anonymes. Mais c'est la cour fédérale de Lausanne qui

(1) Les Etats-Unis ont renoncé à leur participation dans la constitution de la Banque.

est déclarée compétente pour juger en dernier ressort les litiges qui peuvent la concerner. La Banque possède, en France, la personnalité morale, et, à ce titre, toutes les dispositions des lois fiscales, tous les textes du droit commercial, notamment la loi du 30 mai 1857, lui sont applicables (art. 46, 45; st. art. 63, 62). Les quatre censeurs dont elle est dotée sont nommés par la Banque de l'Empire allemand, la Banque d'Angleterre, la Banque d'Espagne et la Banque de France. Ses hauts fonctionnaires sont en grande majorité français.

Constituée pour quarante années, son siège et sa direction sont fixées à Tanger.

La charte de la Banque lui reconnait le droit de faire concurrence à tous les établissements privés, c'est-à-dire de faire des opérations commerciales. Elle est exclusivement chargée de l'achat des métaux précieux, de la frappe et de la refonte des monnaies; elle a donc seule le droit de frapper la monnaie hassani, mais non une autre; toutefois, la monnaie espagnole a toujours force libératoire (art. 37). Elle a, en outre, le privilège exclusif de l'émission des billets de banque sous la condition de maintenir son encaisse métallique au tiers au moins de la valeur des billets émis, cette encaisse étant elle-même constituée pour un tiers en or.

Mais ici encore une restriction qui est en pratique un sérieux motif de discrédit pour ces billets: ils ne sont remboursables en espèces qu'au seul siège social, à Tanger, et non dans les succursales, pas même à Casablanca, d'où, conséquence logique, ils circulent peu, on s'en sert le moins possible. Les billets de la Banque d'Algérie circulent certainement plus que ceux de la Banque du Maroc, sauf à Tanger. Et il faut reconnaître qu'en fait, c'est actuellemnt la Banque d'Algérie qui détient la prépondérance en matière financière.

La Banque d'Etat est chargée des opérations de trésorerie du gouvernement marocain: encaisser et payer pour son compte. En outre, elle a consenti à l'Etat une avance de 10 millions de francs destinée spécialement à l'entretien de la police des ports. Enfin, elle est chargée du service des emprunts publics et elle bénéficie d'un droit de préférence pour l'avenir en cette matière. Dès le 25 avril 1907, la Banque d'Etat du Maroc inaugurait le fonctionemment de ses sevrices à Tanger, Casablanca et Mogador. Elle a aujourd'hui des succursales à Mazagan, Safi, Marrakech et Kénitra.

Les événements s'aggravent dès que cette affaire de la banque est terminée, la police ne fonctionnant pas encore. Toute l'année 1906 avait été marquée en diverses villes par des meurtres d'Européens ; l'année 1907 ne va pas mieux : le 8 mars, M. de Gironcourt est tué à Fès, le 19 le docteur Mauchamp est assassiné devant son dispensaire, le 30 juillet neuf ouvriers employés aux travaux du port de Casablanca, trois Français, trois Espagnols et trois Italiens, sont lapidés. Alors commence le débarquement des troupes françaises à Casablanca, en août, sous les ordres du général Drude, et, à l'est, elles envahissent le territoire du Maroc, sous les ordres du général Liautey. Bientôt 3.506 demandes d'indemnités sont formulées (1908-1910) par les victimes de ces faits appartenant à diverses nationalités.

A ce moment, Abdel-Aziz est renversé par l'insurrection; son frère, Moulay-Hafid, à travers une guerre civile, est proclamé sultan à Fès, le 4 janvier 1908, et, à la fin novembre, il est reconnu par l'Europe. Mais il doit au préalable accepter toutes les conventions liant le Maroc aux puissances, spécialement l'acte d'Algésiras, et reconnaître les dettes de toute nature d'Abdel-Aziz. Sur ces entrefaites, le 9 février 1909, intervient l'accord franco-allemand par lequel l'Allemagne reconnaît que « la France a au Maroc des intérêts politiques particuliers ». C'était l'aveu précieux de notre seul adversaire et de plus très agissant.

Il s'agit alors de liquider les dettes maghzéniennes dont les causes sont multiples, et qui se sont accumulées depuis 1904 : créances pour avances consenties, indemnités pour Casablanca, réclamations en suspens, avances de la Banque d'Etat, indemnités dues pour l'établissement du monopole des tabacs, enfin dépenses militaires de la France et de l'Espagne (1). Ce passif est incontestable et incontesté; il faut recourir à un nouvel emprunt pour apurer la situation. Et le conseil d'administration de la Banque d'Etat requiert de promptes négociations, les censeurs corroborent sa requête (assemblée de la Banque, 1909), et le gouvernement allemand presse de son côté le règlement de ses ressortissants. Le passif de l'Etat marocain se décompose ainsi, à ce moment :

Emprunt allemand de 1905	12.500.000 fr.
Diverses banques par Mac Lean	4.050.000 —
A la maison allemande Haessner et Joachimsohn	2.200.000 —
A la maison française Braunschwig	3.000.000 —
A la Compagnie Marocaine (pour fournitures diverses)	2.700.000 —
A la Compagnie Marocaine (pour les ports de Casablanca et Safi)	5.000.000 —
A la maison Renschausen (quais et égouts de Tanger)	3.000.000 —
A la banque Pariente (de Tanger)	2.100.000 —
Créances sur lettres chérifiennes	2.000.000 —
Prêts faits par divers	5.000.000 —
Avances de la Banque d'Etat	11.028.000 —
Indemnités de Casablanca	11.000.000 —
Créances et réclamations diverses en suspens	25.000.000 —

soit environ 70 à 80 millions immédiatement exigibles.

L'impatience des créanciers va s'irritant chaque jour. Le 24 avril 1909, l'allemand Renschausen hisse le pavillon alle-

(1) Ecartant de cette étude tout ce qui concerne l'histoire diplomatique, je passe sous silence le prêt Mendelsohn et Cie de 10 millions de marks, provoqué, en 1905, par le gouvernement allemand lui-même, malgré le privilège dont était alors investi le consortium français, au moment même où se préparait la Conférence d'Algésiras. Il a été justement appelé: l'Emprunt fantôme. (V. Livre Jaune et l'ouvrage de Tardieu). A plusieurs reprises, d'ailleurs, l'action de l'Allemagne agissant isolément se fit sentir.

mand sur les quais et les docks qu'il a construits à Tanger et prétend saisir son dû à la Banque d'Etat.

Le 3 février 1909, notre ministre, M. Regnault, arrive à Fés pour négocier sur toutes les questions qui intéressent le Maghzen; on décide bien vite d'envoyer une délégation à Paris; celle-ci y arrive le 23 avril : il est impossible de s'entendre. Les négociations durent des mois et des mois à travers des péripéties bizarres parfois. Ce n'est que le 15 janvier 1910 que l'accord est établi, et il faut recourir à l'ultimatum pour obtenir l'assentiment de Moulay-Hafid.

Les ambassadeurs marocains signent à Paris, le 4 mars, « les accords relatifs à la Chaouia et à la région frontière », et, le 21, « l'accord relatif à la question financière ». Il est décidé que les dépenses militaires de la France lui seront remboursées par annuités et que les « créances internationales » seront réglées sur le produit de l'emprunt. Le contrat définitif de l'emprunt porte la date du 17 mai 1910 (1). Le montant nominal de l'emprunt est fixé à 101.123.000 francs pris ferme à 89 %, avec taux d'intérêt de 5 %, commissions de banques comprises ; l'amortissement commencera le 1er octobre 1911 et se fera en 74 années. Le sultan s'interdit de le rembourser avant quinze ans, à compter du 1er octobre 1926, date du premier remboursement d'obligations amorties. C'est la Banque d'Etat du Maroc qui sera chargée de l'émission. Le produit de la prise ferme, soit 90.000.360 francs, « sera affecté (art. 25): 1° à constituer un fonds de réserve de 2.600.000 francs ; 2° aux paiements et provisions ci-après: indemnités arbitrées par la Commission internationale de Casablanca et traitements des commissaires, créances de la Banque Mendelssohn et du Consortium français, avances de la Banque d'Etat prêts gagés sur les bijoux de la cour, travaux exécutés ou en cours d'exécution dans les ports de Tanger, Casablanca et Safi, créances ayant fait l'objet antérieurement au 30 juin 1909, d'arrêtés de comptes acceptés par le Maghzen, indemnités aux Européens que lèsera l'établisse-

(1) Livre Jaune, V., n° 458.

ment du monople des tabacs; enfin, constitution d'une double provision, l'une pour les travaux projetés du port de Larache, l'autre pour le règlement des comptes d'intérêts affectés à certaines créances; règlement des créances antérieures au 30 juin 1909, mais non régularisées à cette date; 3° le solde sera attribué au Maghzen.

Et l'article 11 énumère spécialement les garanties concédées: les recettes douanières, tant à l'entrée qu'à la sortie (déjà engagées jusqu'à 60 %) que laisse libres le service de l'emprunt 1904, sous déduction de 5 %, dont le Maghzen possédera la libre disposition; la redevance du monopole des tabacs et du kiff, le produit des moustafadat et des zekkat; le revenu des biens domaniaux dans tous les ports et dans un rayon de 10 kilomètres autour de ces ports, enfin la portion revenant au Maghzen dans le produit de la taxe urbaine.

L'emprunt 1904 toutefois garde la priorité; ce n'est que lorsque ce premier emprunt aura été intégralement remboursé que la totalité du produit des douanes sera affectée à la garantie de celui-ci.

M. Guiot, plénipotentiaire français, est chargé d'organiser le contrôle de la dette par trois corps spéciaux qui doivent surveiller les douanes, les contributions indirectes et les domaines.

Pendant que se déroulent les faits que je viens de rappeler, le Maroc reprend de l'allure. Le commerce extérieur passe de 65 millions en 1907 à 123 en 1910, et les recettes douanières s'élèvent parallèlement de 6 millions à 13. La *taxe spéciale*, créée par la Conférence d'Algésiras de 2 1/2 % *ad valorem*, qui s'ajoute aux droits de douane sur les marchandises importées — pour favoriser spécialement les travaux publics (art. 66) — rapporte, en 1910, 3.484.000 francs, au lieu de 1.070.000 en 1908. Les conditions économiques générales s'améliorent grâce aux réformes intérieures dont le stimulant vient de l'action de la Banque et à l'afflux des entreprises européennes, qui est la conséquence d'une meilleure administration. C'étaient les premiers indices d'une meilleure exploitation du pays. Le pillage des deniers publics est réfréné, le change se relève, les travaux publics sont amorcés.

C'est précisément à ce moment, au commencement de 1911, que la rivalité allemande s'affirme plus active et plus jalouse; l'Allemagne veut une sorte de condominium et non rester à l'état de simple collaborateur dans la mise en valeur du Maroc nouveau.

Le rôle politique et protecteur des intérêts français que l'on voulait confier à la Banque d'Etat semble disparaître; en fait, elle ne reste française qu'en façade par ses directeurs, mais son action est enrayée par un contrôle étroit d'apparence internationale, en réalité allemand. Des discussions passionnées surgissent au Parlement français. Pour éclaircir notre situation, notre diplomatie négocie avec l'Allemagne la convention du 4 novembre 1911 — on sait à travers quelles difficultés — qui reconnaît notre protectorat, mais qui nous coûte une partie de notre Congo et qui nous oblige à nous désarmer par le maintien « de l'égalité économique au Maroc ». Le traité franco-marocain du 30 mars 1912 nous confère ensuite, au regard du sultan, la réalité de ce protectorat dans les conditions d'infériorité qui nous étaient laissées, et, enfin, le traité franco-espagnol du 27 novembre de la même année précise la part — minime — qui est laissée à l'Espagne dans l'œuvre africaine. L'Afrique du Nord française entre la Méditerranée et le Sahara est constituée définitivement, quoique ce Maroc reste lourdement grevé d'obligations internationales.

Après la signature du traité du protectorat, le même Moulay-Hafid qui avait appelé les Français à son secours à propos des événements de Fès, se dérobe et abdique à son tour; il est remplacé par son frère Moulay-Youssef. La période contentieuse, irritante, semble terminée, n'était la guerre européenne déclanchée en août 1914; il ne s'agirait plus que de la mise en valeur d'une grande et belle colonie, où l'on est cependant en moins bonne posture qu'en Tunisie.

De 1907 à 1913, les dépenses militaires étaient soumises aux Chambres après avoir été effectuées, et faisaient l'objet de crédits supplémentaires : elles se sont élevées dans cette période à 522 millions. Pour la première fois, en 1914, un budget militaire de prévision a été dressé, dont le total se monte à 232 millions. Comme pour nos autres colonies d'ailleurs, les dépenses d'occupation restent à la charge de la métropole.

II. — Les Finances du Protectorat

C'est désormais l'organisation et le développement du pays qui domine tout. Le concours de l'autorité militaire sera encore longtemps nécessaire; mais, pour cette œuvre, il est évident que les ressources actuelles du Maroc ne peuvent suffire : tout est à créer et il faut s'installer en vue de l'avenir, et d'un avenir définitif. Il faut maintenant faire les dépenses d'organisation du pays. Après de longues études, une première loi, promulguée le 16 mars 1914, autorise le Protectorat du Maroc à contracter un emprunt de 170 millions 250.000 fr., garanti par la France, qui a pour objet de liquider les dettes du Maghzen (25 millions), d'amorcer la construction du port de Casablanca (50 millions), de commencer l'ouverture d'un réseau de routes (36 millions), d'ouvrir des bureaux de postes et télégraphes, des écoles, des hôpitaux, d'édifier des bâtiments administratifs.

Dès le mois de juin suivant, une première tranche de 70.250.000 francs avait été souscrite par le public et l'on semblait devoir épuiser le solde vers la fin de 1915, tout au moins l'engager définitivement. La continuation du programme jusqu'à la fin de 1916 exigeait encore 61 millions.

D'autre part, ne pouvant entreprendre immédiatement la construction définitive d'un réseau de chemins de fer, on construit des lignes militaires de 0m60 de largeur qui réunissent d'abord Casablanca à Rabat, puis Salé, en face Rabat sur le Bou-Reg-Reg, à Meknès et Fès-Taza, puis de Casablanca à Mechra-ben-Abbou, à mi-chemin de Marrakech, et ce n'est qu'une fois la guerre engagée, en avril 1916, que l'on se décide à ouvrir ces petites lignes aux services publics, alors qu'elles n'étaient destinées qu'aux besoins militaires — et, évidemment, le rendement pratique de ces voies Decauville est minime.

On aménage les villes à l'européenne, on les assainit ; on commence à aménager les forêts, on établit des haras, on crée des pépinières, des champs d'expériences, on organise la justice et les services des marchés, police, règlements locaux, état-civil, etc. Le Maroc tout entier devient une fourmilière laborieuse. La France, dont l'installation dans ce pays a été difficile et tardive, a su au moins y mettre à profit une précieuse expérience coloniale précédente. Et c'est ainsi qu'elle emprunte largement : personnel et méthode au protectorat tunisien qui lui ressemble par tant de points, tandis que les premiers colons, ruraux ou urbains, arrivent — spontanément — de l'Algérie, de l'Oranie en particulier.

Devant cette efflorescence rapide autant que merveilleuse, on ne tarde pas à s'apercevoir que le programme de 1914 est insuffisant, même pour les premiers besoins; il faut l'élargir sans tarder. Le Gouvernement français (1) demande alors au Parlement l'autorisation d'emprunter une nouvelle somme de 71.750.000 francs sous la garantie de la France, ou, en termes plus précis, « d'autoriser le gouvernement chérifien à augmenter jusqu'à concurrence de 242 millions de francs, le montant de l'emprunt de 170.250.000 francs autorisé par la loi du 16 mars 1914 ». Ce projet, discuté et voté, est devenu la loi du 25 mars 1916 « pour exécution de travaux publics et remboursement du passif maghzen ».

La première question qui se pose est celle de la garantie de la métropole donnée au protectorat.

En vue de gager les emprunts de 1904 et de 1910, dont le montant avait d'ailleurs été dissipé sans profit, l'ancien maghzen avait dû abandonner au consortium des prêteurs le plus clair de ses revenus ; aussi pose-t-on de nouveaux principes. Aux termes de l'article 4 de la loi du 16 mars 1914, le Protec-

(1) Voir Rapport, n° 1774, très étudié de M. Maurice Long, député, au nom de la Commission des Affaires extérieures et protectorats (1916).

torat devait, « aussi longtemps qu'il ferait appel à la garantie de l'Etat français et lui resterait redevable d'avances consenties à ce titre, affecter au service de l'emprunt ou au remboursement des dites avances, 50 % au moins de l'excédent de ses recettes brutes de toute nature au delà de 25 millions de francs ».

Cette limite de 25 millions sera vite dépassée ; les recettes brutes se sont rapidement élevées déjà :

1912-1913............	14.827.396 francs
1913-1914............	19.314.419 —
1915-1916............	22.208.148 —

Notons en passant que l'année financière au Maroc est comptée de 1er mai au 30 avril.

On prévoit cependant que les charges de la guerre et le provisoire actuel peuvent rendre la situation difficile. Et alors, on décide (art. 2) que « la part de ses ressources propres que le Protectorat devra consacrer au service de l'emprunt ne pourra être inférieure au quart des sommes nécessaires audit service à partir de l'année 1918, à la moitié à partir de 1921, aux trois quarts à partir de 1924 et devra atteindre la totalité à partir de 1927 ».

Les versements de la métropole ne doivent intervenir qu'à titre d'avances. Et le remboursement éventuel en est ainsi réglé : « Après prélèvement des sommes nécessaires pour porter ou rétablir, s'il y a lieu, à 10 millions de francs le montant du fonds de réserve, les excédents du budget du Protectorat constatés à la clôture des exercices seront affectés jusqu'à concurrence de moitié au remboursement des avances de l'Etat. » Le Protectorat est donc intéressé à une bonne gestion financière.. Et, d'ailleurs, le contrôle tel qu'il a été prévu en 1914, aux articles 1, 2, 3, 5 et 8, continue à fonctionner (art. 4).

Il ressort nettement de ces textes que la loi d'emprunt de 1914 est désormais fondue dans celle de 1916.

L'émission devait et doit encore se faire par tranches, mais tandis que la loi de 1914 fixait à 4,60 %, amortissement compris, le taux maximum à servir — l'argent était à bon marché à ce moment-là — on insère dans la loi nouvelle les dispositions suivantes (art. 1, § 2): « Le taux maximum auquel pourront être réalisées les tranches non encore émises de cet emprunt sera fixé pour chacune d'elles par décret du Président de la République, rendu sur le rapport du ministre des affaires étrangères, après avis du ministre des finances, qui autorisera sa réalisation. »

Le Protectorat peut donc aussi recourir à des avances provisoires remboursables avec la tranche de l'emprunt qui suivra, pour se procurer des fonds au fur et à mesure des besoins.

Le paiement des intérêts et le remboursement des obligations est centralisé à Paris.

L'affectation des fonds d'emprunt est ainsi nettement précisée dans l'article 1er: extinction du passif maghzen antérieur, et dotation pour les travaux publics compris dans l'énumération ci-après :

1° Paiement des dettes contractées par le Maghzen; dettes diverses..............	25.000.000 fr.
2° Indemnités aux victimes des événements de Fés, de Marrakech, etc.	5.000.000 —
3° Travaux du port de Casablanca........	50.000.000 —
4° Travaux de routes au Maroc...........	71.750.000 —
5° Installation de services publics :	
a) Aménagement provisoire de la Résidence générale et des services administratifs à Rabat......................	3.000.000 —
b) Installation des services administratifs dans les villes autres que Rabat....	2.000.000 —
c) Installation des services judiciaires et pénitentiaires	2.000.000 —
6° Construction, aménagement, installation :	
a) D'hôpitaux, d'ambulances, de dispensaires, de bâtiments divers pour l'assistance médicale	10.000.000 —

	b) D'écoles, de collèges, de bâtiments divers pour l'instruction publique......	10.000.000 —
	c) Installation de lignes et de postes télégraphiques et téléphoniques, de bureaux postaux ou télégraphiques.......	12.000.000 —
7°	*a*) Premières dépenses nécessitées par la mise en valeur des forêts du Maroc.....	4.500.000 —
	b) Irrigations, champs d'essais, dessèchements de marais et autres travaux d'intérêt agricole	4.000.000 —
	c) Exécution de la carte du Maroc....	500.000 —
	d) Premiers travaux d'exécution du cadastre	1.500.000 —
8°	Subventions aux villes du Maroc pour travaux municipaux	27.000.000 —
9°	Etudes de lignes de chemin de fer......	1.500.000 —
10°	Conservation des monuments historiques..	2.500.000 —
11°	Reconstitution du patrimoine immobilier du Maghzen :	
	a) Travaux de première mise en valeur du patrimoine immoblier maghzen; achats d'immeubles nécessités par l'exécution des plans d'extension des villes et la création de lotissements urbains et ruraux	3.000.000 —
	b) Rachat de droits immobiliers de l'ancien sultan Moulay-Hafid.............	2.500.000 —
12°	Apurement des deux comptes spéciaux ouverts dans les écritures du trésorier général du Protectorat : « Installations provisoires de la résidence actuelle et des services centraux » et « achats et ventes d'immeubles domaniaux à Rabat »......	4.200.000 —
	Total..........	242.000.000 fr.

Sont nouveaux dans la loi de 1916, les chapitres 11 et 12. Un article 5, soucieux de régularité, commence enfin à introduire le contrôle de la Cour des Comptes dans les budgets municipaux du Maroc dès que la moyenne des recettes ordinaires aura dépassé 50.000 francs dans les trois dernières années.

En fait, le budget central et les budgets locaux importants sont soumis au contrôle de la Cour des Comptes depuis le 1er mai 1916.

Les services financiers du Maroc sont donc, en même temps, soumis à la vérification de l'inspection générale des finances, et, à cet effet, il est prévu un décret spécial portant règlement général sur la comptabilité publique.

Par application de ces règles nouvelles, le budget marocain est soumis, en son ensemble, au Parlement, qui exerce ce que l'on appelle son *droit de regard,* ainsi qu'il le fait déjà sur le budget tunisien.

L'emprunt, porté à 242 millions, exigera une annuité de 12 à 15 millions, dont le Protectorat n'assume provisoirement aucune part, mais qu'il s'engage à faire entrer graduellement dans son budget d'ici 1927. Et il n'est pas douteux qu'au cours de cette période d'autres travaux seront entrepris; les premiers achevés auront exigé des dépenses d'entretien, il aura fallu étendre les services en raison même de la prospérité que l'on aura réussi à créer. On est donc forcément amené à escompter de fortes plus-values dans les recettes; cela n'a d'ailleurs rien d'invraisemblable, cela doit se produire étant donnée la situation économique nouvelle. Il faut aussi se préoccuper de la construction d'un réseau de chemins de fer définitif, dont les premières années d'exploitation pourront laisser des insuffisances. Ceci c'est encore l'inconnu, évidemment, mais peu alarmant, car il porte en lui-même la promesse et le gage de sa fécondité, de sa productivité. Et, pour les premières lignes à entreprendre au moins, quelles que soient les conditions de leur concession — pourvu seulement qu'elles soient rationnelles — il ne peut en résulter qu'une bonne affaire.

En conformité de la loi d'emprunt 1914-1916, un premier décret du 1er juin 1914 a autorisé le Protectorat à se procurer par le canal de la Banque du Maroc une somme de 70.200.000 francs, sous forme d'obligations. Un second décret récent, qui porte la date du 24 décembre 1916, vient d'autoriser à nouveau l'émission provisoire de 40 millions au taux maximum de 5.50 pour 100 « pour assurer la continuité des travaux prévus et engagés sur l'affectation énumérative des crédits insérée dans l'article 1er. C'est la Banque d'Algérie qui, cette fois, est chargée de l'émission. Ces deux emprunts provisoires sont destinés à être compris et remboursés dans la prochaine tranche d'emprunt définitif qui doit avoir lieu à la fin de la guerre, lorsque les conditions du marché financier seront redevenues plus favorables.

III. — Le Budget actuel

Avec l'arrivée du général Liautey, en mai 1912, s'ouvrit le premier exercice du Maroc. Budget modelé en quelque sorte sur les événements, où les dépenses politiques de la liste civile du sultan, la pacification, le service des renseignements, l'amélioration des pistes primaient tout. Il s'agissait d'abord de seconder l'action militaire, ensuite de créer une administration. Enfin, la poussée de l'immigration, l'installation des nouveaux arrivants, les études et les premiers travaux vinrent grever le budget, peu rationnel, sans contrepartie, pour déborder bientôt dans des comptes provisoires de trésorerie.

La France consentit à l'ajournement indéfini du règlement de sa créance, ajournement qui ne fut consacré que plus tard, par l'article 6 de la loi du 16 mars 1912.

Ce premier budget n'atteignait même pas aux recettes 15 millions. Et voici la marche ascendante des chiffres (1) du règlement provisoire des trois premiers exercices :

(1) Les opérations en piécettes hassani ont été converties en francs, au taux de 130 pour les deux premiers exercices, et de 135 pour le troisième. Cette différence de monnaie doit être soigneusement notée dans tous les cas.

	RECETTES	DÉPENSES
	—	—
1912-1913	14.827.396 59	12.070.993 82
1913-1914	19.814.419 15	24.660.847 21
1914-1915	22.208.148 03	29.824.393 03

Le déficit est la règle dans toute la période d'organisation du Protectorat, mais l'ordre commence à paraître graduellement. Et, comme le fait remarquer le rapporteur à la Chambre, M. Long, député : « Ce pays, si récemment amené au contact de la civilisation européenne, a multiplié les preuves d'une déconcertante puissance d'expansion ». Les ressources du monopole des tabacs se sont élevées de 130.946 francs en 1913, à 1.897.126 francs en 1915; le tertib qui produisait à peine 2 millions en 1912-1913, a donné plus de 10 millions en 1915-1916; les droits de douane de la zone française, qui ne dépassaient guère 15 millions en 1913-1914, donnent plus de 18 millions en 1915-1916. Ce n'est pas seulement la matière imposable qui s'accroît, c'est surtout la méthode de perception qui s'est perfectionnée, sans qu'il y ait lieu d'invoquer l'aggravation des taxes.

Tandis que pour l'exercice 1914-1915, le budget total du Maroc était arrêté en recettes et en dépenses à 51.800.000 p. h., pour l'exercice 1916-1917 les prévisions s'équilibrent par 69.778.079 pesetas hassani.

Recettes principales :

Tertib	18.230.980	pesetas hassani
Reversement du contrôle de la dette	13.519.486	— —
Revenus des domaines de l'Etat..	2.675.400	— —
Recettes postales	2.410.220	— —

soit à peu près 13 millions 500.000 francs pour le seul tertib.

Les dépenses sont réparties en chapitres fort nombreux, dont les principaux et les plus intéressants à retenir au point de vue de notre action gouvernementale sont les suivants :

Santé et Assistance publique....	2.420.124	pesetas	hassani
Enseignement	3.806.382	—	—
Ponts et Chaussées............	7.178.971	—	—
Agriculture, Commerce, Colonisation	4.461.908	—	—
Forêts	766.640	—	—
Police	650.252	—	—
Justice	1.883.132	—	—

Restent encore en dehors certains chapitres en recettes et en dépenses extrêmement importants: la liste civile du Maghzen, la dette antérieure à 1914 gagée sur recettes spéciales, et notamment les douanes, la dotation des travaux publics, qui s'effectuent sur fonds d'emprunt, laquelle ne peut résulter que de décrets spéciaux rendus en vertu de la loi du 25 mars 1916 les biens habbous qui ont, tant en recettes qu'en dépenses, une affectation religieuse bien déterminée : revenus immobiliers, dépenses pour les mosquées, les écoles, etc., formant autrefois un budget spécial et indépendant, mais aujourd'hui confondus dans le budget général de l'Etat.

Le Protectorat se préoccupe de refaire à nouveau les finances marocaines, mais il ne peut le faire que graduellement, en respectant les nombreux traités liant le Maroc aux puissances étrangères. Il faut également tenir compte des entraves que, pour un temps encore, le régime de la protection (des protégés) apporte au recouvrement des taxes, de façon à ne pas mettre les Français et les indigènes dans un état d'infériorité vis-à-vis des ressortissants étrangers. Mais il subsiste surtout un grave obstacle pratiquement difficile à tourner, car il résulte de l'organisation même donnée diplomatiquement au Maroc: la coexisence d'un protectorat français à côté d'un protectorat espagnol, dépendants d'une souveraineté unique et non séparés par une barrière douanière quelconque : le régime des douanes, l'établissement des impôts indirects, en deviennent compliqués à l'extrême. De ce côté, comme sur tant d'autres points, il y aura encore beaucoup à négocier pour réformer, mais les questions financières ne sont pas les moindres, ni les moins pressantes.

IV. — Les Impôts

Il importe maintenant pour compléter cette étude de donner quelques précisions sur les impôts perçus au Maroc, conformément à la nouvelle réorganisation du Protectorat.

Avec assez de logique, en innovant en matière financière, le possible a été fait pour présenter les nouveaux impôts comme étant simplement la continuation des anciennes taxes régularisées et corrigées qu'ils ont en effet remplacées. On peut classer ces impôts, comme en France, en impôts directs et en impôts indirects.

Les impôts directs atteignent naturellement la propriété immobilière. La propriété bâtie supporte la *taxe urbaine* sur la base de 8 % de la valeur locative des immeubles, cette valeur locative imposable étant les quatre cinquièmes de la valeur locative réelle; le produit en est réparti par parts égales entre l'Etat et les municipalités. Cet impôt foncier ne se surcharge pas encore de contribution personnelle, ni de patente au sens français de notre fiscalité. Toutefois il a été établi un droit d'enregistrement frappant tous les actes civils judiciaires et extrajudiciaires passés devant les cadis ou les juridictions françaises et portant notamment sur les transactions immobilières.

L'impôt direct sur la propriété non bâtie est le *tertib* (comptage), dont le principe remonte à 1901 et qui a été réorganisé en 1915; il est applicable à tous propriétaires indistinctement, proportionnellement à la matière imposable, qu'il s'agisse des musulmans, israélites, chérifs européens ou protégés. Le tertib a remplacé les anciens impôts indigènes: *achour* qui frappait les cultures, et *zekkat* ou *zoka* qui portait spécialement sur les animaux. Actuellement, il est réglementé par les dahirs organiques du 10 mars 1915 pour les cultures annuelles et les animaux et du 11 mars pour les arbres fruitiers. Ces deux impôts parallèles ont un point faible commun : ils nécessitent des recensements fréquents et minutieux, prennent beaucoup de personnel et de temps, mais, par contre, ils sont bien dans les mœurs et s'accordent avec les traditions locales. Les déclarations annuelles des contribuables ne suffisent pas, il faut faire des vérifications, des sondages nombreux, la matière imposable change chaque année, c'est une administration considérable intermittente qu'il faut mobiliser pendant les mois des moissons et de la récolte des fruits. Avec le temps, à l'usage, le tertib deviendra d'application plus facile, plus courante, mais pour les débuts, il a fallu improviser un personnel souvent embarrassé par des détails d'interprétation, familiariser les fonctionnaires indigènes, caïds et cheiks, avec la contexture des déclarations, établir dans chaque circonscription financière des bases de conversion des diverses unités de mesures locales en unités métriques, dresser les agents du contrôle à l'évaluation des récoltes, etc. Cette éducation n'est pas l'œuvre d'un jour, elle ne dépend même pas absolument d'une direction décidée et compétente, donnant des instructions très précises, elle exige par dessus tout la pratique et un contrôle sévère. Il faudra obligatoirement se montrer coulant pendant les premières années, bien que l'on ait entouré toutes les infractions au règlement minutieux qui a été édicté sur la matière par la Direction générale des finances, à la date du 1er mai 1915, de sanctions en apparence suffisantes pour assurer la sincérité des déclarants et la bonne marche de tout le service.

Cette année 1916, était la seconde de l'application du tertib et, déjà, l'on en attendait de bien meilleurs résultats que l'année dernière. En l'état, il n'est que logique d'escompter une élévation constante du rendement de l'impôt agricole pendant les premiers exercices, à mesure que les fuites deviendront plus difficiles, parce que le personnel chargé d'en dresser les rôles deviendra plus compétent. Les frais de perception s'en trouveront diminués dans la mesure exacte des progrès du service, et c'est, il faut le reconnaître, la plus grande faiblesse du tertib, qu'il coûte cher. Le fonctionnement des commissions chargées de recevoir les déclarations est évidemment bien étudié, mais trop complexe encore.

Pour les indigènes, la déclaration et les sondages de vérification demanderont quelques années pour les familiariser avec la nouvelle taxation sévèrement équitable; pour les Européens, ce sera plus rapide : ils doivent, eux, faire leurs déclarations directement aux commandants des régions, et, quant à la petite minorité des nationaux des puissances qui sont encore sous le régime des capitulations, ils doivent porter leurs déclarations aux consulats dont ils relèvent, et ceux-ci les transmettent aux commandants de région.

Analyser en détail les décrets organiques de 1915 serait oiseux, mais en préciser les principes ne sera pas sans utilité.

Le barême qui fixe la quotité de l'impôt est assez compliqué; il est arrêté chaque année par un décret spécial: celui de 1916 porte la date du 5 juillet (4 ramadan 1334). Les cultures annuelles passibles du tertib sont: le blé, l'orge, l'avoine, les fèves et le maïs, les pois-chiches, ,le mil, le sorgho, le lin, le coriandre, le fenugrec, les pois et les lentilles, le cumin ; celles-ci sont classées d'après la notation de leur rendement à l'hectare faite par les commissions spéciales, en cinq catégories: 1° rendement de 15 quintaux et au-dessus; 2° de 10 à 14; 3° de 6 à 9; 4° de 3 à 5; 5° moins de 3 quintaux, et les tarifs fixés par hectare en pesetas hassani varient suivant les circonscriptions territoriales et suivant les cultures; après examen minutieux de ces tarifs, on peut estimer qu'ils correspondent à moins de un vingtième de la valeur de la récolte. Les cultures maraîchères paient cette année 15 p. h. par hectare, les cultures de henné 35, mais, par contre, les cultures fourragères et industrielles sont exemptes pour l'année.

Le tertib des animaux est un impôt spécifique par tête: y sont assujettis : les chameaux (5 p. h.), les chevaux et mulets de 3 ans et au-dessus (4 p. h.), les ânes de 2 ans et au-dessus (1,50 p. h.), les bœufs, taureaux et vaches de 18 mois et au-dessus (3 p.h.), les veaux et génisses à partir du sevrage (2 p.h.), les porcs (3 p.h.), les moutons (0,50 p.h.), les chèvres (0,40 p.h.). Sont exonérés, les animaux appartenant à l'armée.

L'impôt sur les arbres fruitiers'est fixé comme suit :

1° Oliviers et amandiers (par arbre).......... p. h. 0.25
2s Orangers et citronniers (par arbre)......... — 0.25

2° Orangers et citronniers (par arbre)........ — 0.25
3° Palmiers (par pied)........................ — 0.05
4° Figuiers, vignes indigènes et autres arbres non dénommés (par arbre)................ — 0.05
5° Vignes européennes (par hectare).......... — 36.00

Les plantations nouvelles et les greffages sont exonérés jusqu'à l'âge de la production normale.

On le voit, l'assiette annuelle du tertib en fait un impôt sur le revenu.

Il est perçu en outre 10 centimes additionnels dont le montant est affecté au paiement des remises aux chefs indigènes : 6 % pour les caïds et 4 % pour les cheiks sur le montant intégral de leurs perceptions, outes autres rémunérations indirectes étant supprimées. Les consuls reçoivent, de leur côté, une ristourne de 5 % à titre de frais de perception sur le montant des encaissements faits par eux sur leurs nationaux pour le compte du Trésor.

Conclusion sur cet impôt : dans un avenir plus ou moins lointain, il faudra refondre le tertib et l'asseoir sur des bases moins fluctuantes.

Les impôts indirects sont, comme on doit s'y attendre, très divers par leur nature. Ce sont surtout des droits locaux perçus au profit des municipalités naissantes, mais toutefois doivent être considérés à part comme revenus d'Etat les douanes, les tabacs, les sucres. Il existe aussi une taxe municipale sur les chiens et une taxe d'Etat sur les automobiles (quelquefois abandonnée aux municipalités quand elle rend trop peu).

Citons parmi les taxes indirectes :

Les *droits des portes*, plus spécialement droits *d'octroi*, qui rapportent à peine 120.000 p. h. pour tout le Maroc. Il serait ici sûrement préférable de les supprimer radicalement pour éviter des entraves dans la circulation des produits et des difficultés administratives à venir et de les remplacer par un *octroi de mer* comme en Algérie, et, en cette matière, il vaut mieux réformer immédiatement qu'attendre.

Les *droits de marché* qui frappent les ventes d'animaux vendus sur les marchés publics — indépendamment des *taxes d'abatage* dans les abattoirs —; pour les autres produits, ils sont remplacés par un *droit de place*. Les marchés sont affermés à des fermiers à l'année, et quelquefois au mois. Les municipalités reçoivent régulièrement des subventions de l'État sur les fonds du budget général du Protectorat.

Le tabac est exploité par une société concessionnaire dite Régie internationale cointéressée, soumise à la loi française et jouissant d'un monopole. On ne fabrique rien dans le pays ; tous les produits sont importés d'Espagne, d'Algérie, d'Amérique, de Cuba, de France, etc.; tout est aussi cher qu'en France, ou plus.

L'alcool et le sucre sont taxés en douane à l'importation. La taxe sur l'alcool est perçue à partir de 14 degrés pour les vins, cidres, bières, vins de liqueurs, et sur la totalité de l'alcool pur; pour tous les autres liquides alcooliques, même les parfums et les médicaments, à raison de 200 pesetas hassani par hectolitre d'alcool pur dans toute l'étendue de la zone française. Cette taxe est ramenée à 2 p. h. pour les alcools dénaturés en vue des usages industriels. Quant aux sucres, denrée de grande consommation pour les indigènes, ils sont taxés à raison de 10 p. h. par 100 kilos de raffiné, et 10,70 pour les candis. Ces droits d'accise une fois payés, la circulation reste libre dans le pays; toutefois, la détention des alambics est réglementée et surveillée.

Le régime douanier du Maroc reste très complexe, en raison même de la diversité des points de vue auxquels ils doivent leurs origines. Aucune barrière douanière n'existe encore entre la zone française et la zone espagnole. Les importations par terre, par la frontière algérienne, paient des droits variables suivant les articles, qui correspondent en général à 5 % *ad valorem*.

Par mer, les marchandises de toute provenance paient un droit de douane de 10 % calculé d'après leur valeur au comptant et en gros, rendues au bureau de douane, exception faite pour les vins, bières, vinaigres et liquides à distiller; les pâtes alimentaires, les pierres précieuses et les matières d'or et d'argent qui ne paient que 5 %. Mais, en vertu même de l'article 66 de l'acte d'Algésiras, une *taxe spéciale* de 2 1/2 % *ad valorem* s'ajoute aux droits de douane et les porte à 12 1/2 %, et elle est perçue en même temps que ceux-ci : le produit de cette taxe forme, nous l'avons vu plus haut, un fonds spécial qui est intégralement affecté à l'exécution des travaux publics. Sont admis en franchise, les engrais et le matériel agricole.

Il subsiste encore au Maroc beaucoup de droits d'exportation de nature spécifique généralement, mais réduits à 5 % *ad valorem* pour les plateaux en cuivre, tapis, pois verts, oignons, citrouilles et bananes, pour les expéditions par mer. Les exportations par la frontière algérienne sont favorisées par des tarifs un peu inférieurs; ils acquittent un simple droit de statistique de 0 fr. 90 par bœuf, de 0 fr. 10 par mouton, et de 0 fr. 10 par quintal de blé.

En principe, l'exportation des animaux par voie de mer est interdite, mais certainement il y aura lieu, au contraire, de favoriser cette exportation, car le Maroc me semble qualifié pour devenir un pays d'élevage.

Pour parachever l'édifice des impôts, on étudiait, au moment même de ma visite, l'établissement de l'impôt du timbre ! dans un pays obéré, c'est logique, mais combien de contraventions à prévoir pendant de longues années, quelle complication dans tous les actes de la vie civile et administrative !

De tout cet exposé, l'évolution financière du Maroc ressort, croyons-nous, assez nettement sans qu'il soit nécessaire de placer ici un long résumé. En quatre ou cinq ans, ce pays amorphe est passé parmi les pays organisés avec des finances ordonnées. On peut et l'on doit reprendre, corriger les détails, mais, dès maintenant, l'édifice financier est fondé sur des bases solides et loyales. Peut-on dire davantage pour faire l'éloge du Protectorat ? Un pays immense a été ouvert à la civilisation, au progrès.

V. — La Monnaie. — Le Crédit

La situation monétaire du Maroc est encore un imbroglio difficile à démêler et la Conférence d'Algésiras n'a introduit dans cette situation ni clarté, ni simplificaton. Au moment où se clôturait la conférence (1907) la question franc ne se posait pas. L'unité monétaire adoptée fut la peseta hassani. La peseta espagnole était d'usage courant dans le pays et elle fut consacrée comme étalon. La Banque d'Etat, créée spécialement par la diplomatie d'Algésiras, a, depuis ceto date, le privilège de l'émission de cette monnaie, mais non d'une autre. Elle est « exclusivement chargée de l'achat des métaux précieux, de la frappe et de la refonte des monnaies, ainsi que de toutes autres opérations monétaires qu'elle fera pour le compte et au profit du gouvernement marocain » (art. 37).

Les pièces marocaines qui ont le plus couramment valeur libératoire parmi les indigènes sont, le douro hassani, qui est au titre de neuf dixièmes d'argent, du poids de 25 grammes comme notre pièce de 5 francs, et le demi-douro, qui correspond également à 2 fr. 50 de notre monnaie d'argent frappée. Mais, en fait, dans la pratique, la monnaie française de France tend très rapidement à prédominer et à éliminer la monnaie locale: elle circule à peu près partout, dans les villes et sur les marchés avec une prime habituelle de 20 à 30 p. 100 sur la monnaie hassani; elle est devenue l'étalon monétaire et l'on s'est habitué à faire le petit calcul de change auquel il y a lieu de recourir même dans le commerce de détail, mais on doit spécifier dans chaque cas particulier s'il s'agit de francs ou de pesetas hassani: les deux modes de règlement sont d'ailleurs facilement acceptés l'un pour l'autre avec cette correction du change. Il n'en subsiste pas moins des complications, des embarras constants qui se répercutent jusque dans les petites transactions de la vie quotidienne.

Pour la monnaie de billon, mêmes difficultés évidemment, mais on est plus tolérant, car il s'agit habituellement de très petites différences.

L'or est très rare dans la circulation.

La monnaie d'argent espagnole circule assez couramment encore, non seulement dans la zone espagnole, ce qui n'est que logique, mais à Tanger et aussi dans quelques villes de la côte: Casablanca, Mazagan, Safi, ce qui s'explique aisément par le voisinage de l'Espagne et par un peuplement espagnol assez intense.

L'apparition de notre monnaie sur les marchés, le développement de sa circulation a facilité les transactions commerciales et les échéances ne se trouvant plus sous l'incertitude du change, se payent avec beaucoup plus de régularité qu'avant l'occupation française.

L'article 32 de l'acte d'Algésiras confère également à la Banque d'Etat le privilège exclusif de l'émission des billets de banque: « des billets au porteur payables à présentation, ayant force libératoire dans les caisses publiques de l'Empire marocain ». Mais la peseta hassani n'est pas une monnaie internationale, les billets hassani circulent difficilement, d'où, conséquence logique, on s'en sert peu, le moins possible. Il a fallu que je sollicite un ami pour en voir deux liasses de 1000 francs chaque; sans cette insistance, je n'en eusse peut-être pas vu beaucoup, n'ayant eu il est vrai que peu de règlements de comptes à établir. Et je suis amené à constater ici que, bien que Banque d'Etat, avec tous les droits et obligations que comporte ce rôle, elle ne fait que fort peu de réescompte au Maroc, malgré son privilège d'émission, lequel est bien fait sans doute pour la stimuler dans cette voie.

Les billets de la Banque de France et ceux de la Banque d'Algérie circulent certainement plus, dans les villes au moins, que ceux de la Banque d'Etat. De plus, toutes les banques établies dans le pays font plus ou moins le réescompte : rien à dire, là contre, mais c'est la Banque d'Algérie qui joue à peu près le rôle de banque centrale.

La Banque d'Etat, enlisée par une réglementation exceptionnelle, peut-être intentionnelle, reste au-dessous de sa mission de principe, tant auprès du gouvernement chérifien que dans l'exercice de son action sur la circulation fiduciaire. Et l'on va jusqu'à l'accuser de spéculer elle-même sur l'agio qui atteint la monnaie hassani, alors qu'elle a pour mission spéciale de « prendre les mesures qu'elle jugera uitles pour assainir la situation monétaire au Maroc » (art. 37 de l'acte d'Algésiras).

L'institution est mal conçue, elle fonctionne mal, il a fallu s'en accommoder jusqu'à maintenant; toutefois elle nous gêne d'autant moins qu'elle a pris moins d'autorité et l'avenir sera plus facile à dégager à ce point de vue.

Une commission spéciale s'est réunie l'année dernière, de décembre 1915 à mars 1916, au ministère des Affaires étrangères, à Paris, pour étudier la création d'une grande banque unique de l'Afrique du Nord française; il est bien certain que c'est dans cette voie qu'il faut chercher l'épuration de la circulation au Maroc. Seule une opposition systématique pourrait entraver la réforme, et cette opposition aujourd'hui ne pourrait venir que de l'Allemagne !

Si une banque exclusivement marocaine se fondait, elle devrait se préoccuper de prêter aux petits colons et aux indigènes cultivateurs l'aide financière dont ils ont particulièrement besoin à l'époque des semailles. Cette institution serait intéressante si elle savait grouper autour d'elle les grosses fortunes musulmanes. Les riches Marocains sont assez nombreux, en effet, qui placent leurs disponibilités à l'étranger, de même que ceux qui, jusqu'à l'établissement du Protectorat, en raison du peu de sécurité que laissait aux individus un Maghzen cupide, ont purement et simplement enterré leur argent.

Il ne faudrait pas s'imaginer cependant que le Maroc est indigent au point de vue crédit; c'est le contraire qui est vrai: le pays a vu surgir en ces dernières années toute une légion de banques qui construisent les unes après les autres de fort beaux hôtels et qui se font une concurrence effrénée tout en maintenant unanimement le prix de l'argent entre 8 et 8 1/2 p. 100, taux qui a toujours été habituel dans le pays, en raison des conditions spéciales et de l'esprit spéculatif des commerçants des ports. Nous y avons trouvé: une Banque d'Etat (qui n'a pas encore de succursale à Fès ni à Meknès); la Compagnie algérienne, qui se confine plutôt dans les prêts fonciers et agricoles ; la Société générale, qui s'est installée en achetant deux agences des banques allemandes; la Banque d'Algérie en rivalité spéciale avec la Banque d'Etat; le Crédit marocain, la Banque algéro-tunisienne, le Crédit foncier d'Algérie-Tunisie, la Banque commerciale du Maroc, la Banque lyonnaise, la Société marseillaise, une banque anglaise qui a des agents à Tanger et à Casablanca, sans compter d'innombrables correspondants d'autres banques européennes.

Il est à remarquer que le taux de l'argent tend plutôt à diminuer malgré les conjonctures actuelles, en raison de l'activité nouvelle donnée aux affaires et peut-être plus encore devant la fixité relative du change et du cours des monnaies.

La promulgation d'un dahir assurant au Maroc une législation commerciale semblable à la législation française, a sans doute entravé les opérations des trafiquants qui spéculaient sur un crédit difficile à contrôler et a grandement assaini le marché marocain.

Ce tableau du crédit, rapproché de celui tracé plus hau[illegible] commerce extérieur, est en somme rassurant ; il faudrait le compléter par des précisions sur le commerce intérieur qui échappent complètement ou presque à toute statistique.

CHAPITRE IV

LES RÉFORMES SOCIALES

I. — LA JUSTICE FRANÇAISE

L'organisation judiciaire qui a été instituée au Maroc (1) est neuve, spéciale et originale. Il n'est pas besoin d'une grande expérience pour s'en rendre compte. Il n'y a au Maroc ni huissiers, ni greffiers, ni avoués, ni syndics de faillites, ni liquidateurs de commerce, ni curateurs aux successions vacantes, ni agréés, ni notaires, ni commissaires-priseurs, ni arbitres, ni aucun de ces nombreux officiers ministériels qui ont été interposés en France, en Algérie, en Tunisie, et dans beaucoup d'autres pays du monde entier, entre les justiciables et le juge. Ces agents, dont les services sont nécessairement coûteux, parce que pour la plupart ils achètent leurs charges, parce qu'ils sont rémunérés pour chacun des actes, pour chacune des écritures qu'ils font, et parce qu'ils s'efforcent, légitimement d'ailleurs, d'exercer leur profession avec le plus de profit possible, on les a supprimés ici ; on n'a pas voulu introduire dans ce pays neuf des gens ayant intérêt à multiplier les procédures, et vivant, quelles que soient d'ailleurs l'honnêteté de leur caractère et leur valeur professionnelle, aux dépens de ceux qui font les affaires. Il s'ensuit que le justiciable qui entre en difficultés avec un tiers et qui voudrait voir intervenir le juge, peut s'adresser directement à lui, sans autre intermédiaire que celui du secrétaire qui l'assiste et qui tient en ordre ses papiers.

Au surplus si le plaideur est embarrassé, s'il se défie de ses

(1) Je me suis borné ici à résumer aussi clairement que possible, et en complétant le texte même de l'auteur, l'important travail très précis de M. Stéphane Berge, premier président de la Cour d'appel de Rabat : *La Justice française au Maroc*, récemment publié.

Le décret organique de la Justice au Maroc porte la date du 12 août 1913 (9 ramadan 1331). Le tribunal de Rabat a été créé seulement le 22 décembre 1916.

propres moyens, rien ne s'oppose à la réalisation de son désir. Il peut se faire assister, même remplacer, soit par un avocat, soit par un mandataire n'appartenant pas à un barreau. Les parties ne sont aucunement obligées de comparaître devant les tribunaux français du Maroc, où la procédure est écrite; elles pourraient, à la rigueur, faire tout le nécessaire par correspondance et elles sont considérées comme présentes quand elles se sont fait représenter par une production de pièces, de simples conclusions ou un mémoire.

Les mandataires admis en justice sont de deux sortes: 1° les avocats, qui ne peuvent exercer au Maroc qu'à la condition d'y être autorisés par la Cour d'Appel, dont on exige de sérieuses garanties de savoir et de moralité, qui sont soumis à une discipline rigoureuse (art. 34 à 44 du Dahir de procédure civile); 2° les mandataires ordinaires dont le choix est laissé aux parties, auxquelles on interdit seulement de confier leurs intérêts à certains repris de justice (art. 52 du Dahir de procédure civile); le juge a toujours le droit d'ordonner la comparution personnelle des plaideurs (art. 68 du même Dahir).

Mais voici l'avantage de ce mandataire dont le plaideur réclame le secours: c'est un auxiliaire facultatif qu'on ne prend que si on le veut bien, et qui ne peut, ni s'imposer lui-même, ni imposer ses méthodes. A une dépense forcée, inévitable, considérable par la force même des choses, on a substitué une dépense facultative qu'il sera toujours posssible de maintenir dans les bornes qu'on se sera assignées.

Une des conditions nécessaires du succès de cette entreprise est le recrutement de magistrats exceptionnellement bien doués comme capacité et instruction professionnelle de même que pour l'aptitude au travail. Il faut aussi un personnel de secrétariat instruit, pourvu d'une grande expérience des affaires et assez zélé pour ne pas se laisser rebuter par les difficultés du milieu.

Il y a aussi une circonstance qui renforce l'opinion optimiste: c'est qu'il se forme un Barreau qui a déjà apporté une précieuse collaboration, qui a compris la beauté du rôle assigné à l'avocat dans le système judiciaire institué, qui a justement espéré qu'il pouvait y trouver honneur et prospérité.

En France, en Algérie et en Tunisie, quand on entre dans le cabinet d'un officier ministériel et qu'on lui confie la direction d'un procès, il vous demande tout d'abord une provision ; au Maroc, quand on se présente pour commencer un procès au secrétariat d'une des juridictions françaises qui y ont été instituées, le secrétaire produit immédiatement la même exigence. Mais là s'arrête l'analogie; dans le premier cas, la provision a pour objet d'assurer le paiement des honoraires de l'officier ministériel et rien ne dit qu'il ne faudra pas la renouveler fréquemment pour solder ce qui sera dû soit à lui, soit à d'autres intermédiaires légaux ou au fisc. Dans le second cas, la provision n'a pas d'autre objet que d'assurer le paiement de ce qui sera dû au fisc, les agents de justice, qui sont payés par l'Etat, ne coûtant rien au plaideur: elle peut être calculée d'une façon à peu près certaine; il sera relativement rare qu'on ait à la renouveler. Il en résulte que le demandeur sait, dès le début, à quels frais il sera entraîné.

On n'a pas manqué, d'ailleurs, d'introduire au Maroc l'assistance judiciaire. Elle est accordée à ceux qui n'ont pas assez de ressources pour faire la provision, par un bureau placé sous la direction du Ministère public et qui a de l'analogie avec celui de la Métropole. On remarque toutefois dans cette partie de la législation une innovation heureuse: afin de ne pas obliger un plaideur à subir les retards qui résultent nécessairement de la consultation du Bureau, on autorise le Président de celui-ci à accorder l'assistance, à titre provisoire, s'il y a urgence et s'il le juge convenable. Le versement de la provision qui incombe au demandeur n'implique pas du tout qu'il supportera les frais du procès : ils seront à sa charge s'il succombe dans ses prétentions ; au contraire, il recevra un titre de recouvrement contre son adversaire, si c'est contre celui-ci que la décision intervient.

Le secrétaire-greffier qui reçoit une provision en même temps qu'une demande fait deux choses: premièrement, il inscrit la demande sur les registres de la juridiction; secondement, il ouvre au plaideur un compte-courant dont l'actif consiste dans le montant de la provision et dont le passif se forme au fur et à mesure de l'avancement du procès par l'inscription des taxes perçues au profit de l'Etat. A la fin de l'instance, on fait la liquidation du compte et on rend l'excédent d'actif au plaideur s'il en reste.

Si l'affaire est introduite devant un tribunal de paix, la demande est portée au juge qui donne au Secrétariat l'ordre d'envoyer un avis à celui contre lequel elle est dirigée, c'est-à-dire au défendeur; il l'invite à se présenter devant lui en vue d'une conciliation. La tentative de conciliation n'est pas, au Maroc, un préliminaire, c'est au contraire le premier acte de la procédure, et on n'y procède que s'il est possible de rapprocher les parties sans retard et sans frais. On a supprimé une formalité qui se fait en France mécaniquement et qui n'a pas grande efficacité.

La conciliation ayant lieu, il en est dressé procès-verbal et l'affaire est terminée; la conciliation n'intervenant pas, le demandeur et le défendeur sont immédiatement convoqués par écrit à l'audience publique. Les parties présentent leurs moyens, elles discutent réciproquement leurs prétentions; le juge ne manque pas de leur faire toutes les interpellations nécessaires pour que la contestation apparaisse clairement dans son entier.

Alors deux cas peuvent se présenter : ou bien ce débat contradictoire a été suffisant pour l'instruction de l'affaire, ou bien ceci ne s'est pas produit. Dans le premier cas, la sentence interviendra sans plus de retard; dans le second cas, il y aura lieu à une mesure d'instruction que le juge ordonnera immédiatement et qui pourra consister dans une expertise, dans une descente sur les lieux, dans une enquête.

Si l'instance se produit devant un tribunal de première instance, son importance demande des précautions plus grandes; le Président de cette juridiction désigne comme rapporteur un des juges pour qu'il mette, par un travail préparatoire, l'instance en état d'être solutionnée. Le rapporteur ordonne la communication de la requête à la personne ou aux personnes contre lesquelles la demande est rédigée et il les met en demeure de produire leurs pièces et leur défense. Les mémoires en défense et les pièces justificatives qui y sont jointes sont déposées au Secrétariat. Le demandeur prend communication du tout et réplique, s'il y a lieu; la partie adverse peut répondre encore. Généralement, ces communications suffisent à poser les bases de l'instance; par mesure de précaution, le législateur a voulu que le juge rapporteur puisse, de son propre mouvement, poursuivre la production d'autres éléments qui lui paraissent nécessaires et qui ne sont pas apportés spontanément par les parties.

Quand enfin l'affaire a pris la physionomie qui lui appartient, elle est renvoyée à l'audience par le rapporteur, soit pour les débats devant le Tribunal, afin qu'intervienne le jugement, soit pour que le Tribunal ordonne une mesure préparatoire d'instruction, une expertise, une visite des lieux, une vérification d'écriture, un interrogatoire sur les faits et articles, c'est-à-dire un des procédés qui sont généralement usités pour produire la lumière dans les procès.

Tandis qu'en France, en Algérie et en Tunisie, le Tribunal attend passivement que les officiers ministériels qui ont eu la charge d'édifier la procédure, le mettent en mesure de rendre une sentence, sans qu'il puisse rien faire pour collaborer à la préparation des débats, au Maroc au contraire, c'est le magistrat lui-même qui dirige l'accomplissement des formalités nécessaires pour mettre la contestation en état d'être résolue. Il en résulte la disparition de toutes formalités coûteuses, inutiles pour la solution du procès. Elle produit aussi cet autre avantage qu'il est fait obstacle aux procédés usités par les plaideurs de mauvaise foi pour retarder la solution d'une instance et lasser un adversaire.

Continuellement il sort du Secrétariat d'une juridiction un grand nombre de pièces à destination du dehors. En France, c'est l'huissier qui s'en charge; ici, trois moyens ont été mis à la disposition des Tribunaux pour l'exécution de cette partie du service.

Le premier moyen, qui est aussi le meilleur, consiste tout simplement dans le recours à l'Administration des Postes. Partout où le service postal est suffisamment établi, c'est le facteur qui remet à destination le pli judiciaire comme il remettrait à un particulier un pli recommandé quelconque. Il le fait aussi vite, plus simplement et plus efficacement qu'un huissier. Malheureusement le service postal n'est pas encore complet au Maroc.

Le second moyen est la voie administrative: toutes les Administrations ont mis leurs propres agents à la disposition des tribunaux pour effectuer la remise à leurs destinataires des plis sortis des Secrétariats. Dans les villes, c'est principalement la Police; au dehors, ce sont tantôt les gendarmes, tantôt les services administratifs de contrôle du Protectorat. Il en résulte la disparition presque complète des frais de transport qui grèvent si lourdement ailleurs les procédures.

Le troisième moyen, c'est la transmission par les agents du Secrétariat. Il reste pour les cas où les deux autres font défaut; c'est même le seul que l'on puisse employer lorsque la notification à exécuter implique une conversation avec celui à qui elle est faite et dans tous les cas où l'agent porteur de la pièce doit accomplir un acte de son ministère (sommation avec réponse, constat).

Toutefois, quel que soit le soin qu'on a mis à débarrasser les procès de ce qui en fait une charge pénible pour les justiciables, il peut arriver qu'un long temps passe entre le jour où le demandeur est venu pour la première fois au secrétariat d'une juridiction et celui où le juge auquel il a fait appel rend sa sentence. Tous les plaideurs n'habitent pas nécessairement au lieu même où siège le Tribunal; bien plus, dans un pays comme celui-ci, où tant de gens ont des intérêts, sans pour cela cesser d'avoir leur principal établissement en France ou à l'étranger, il faut prévoir que des plaideurs seront absents du Maroc au moment où ils seront appelés en justice; il faut, par conséquent, leur ménager le temps nécessaire pour correspondre, ou constituer un mandataire, ou, s'ils le préfèrent, se présenter en personne.

Une seconde cause de l'allongement des procès est l'obligation où le juge peut se trouver d'ordonner des mesures préparatoires d'instruction; on ne pourrait pas admettre qu'un procès fût jugé avant que le magistrat se soit procuré tout ce qui lui paraît nécessaire pour rendre sa décision en parfaite connaissance de cause.

Le législateur s'est préoccupé beaucoup de réduire au minimum les inconvénients résultant de ces ordres de faits.

En ce qui concerne les délais de distance, il y a remédié en imposant à tout plaideur de faire élection de domicile pour la procédure dans le lieu même où siège le Tribunal; il s'ensuit que le délai de distance ne produit effet que pour le premier acte de la procédure et n'influence pas la suite. D'un autre côté, on a rapproché le justiciable du juge; on a mis des tribunaux de paix partout où il existait un centre européen de quelque importance ; bien plus, on a décidé que ces Tribunaux iraient tenir des audiences périodiques dans les localités de leurs circonscriptions où il existe un centre d'affaires suffisant, mais dont l'éloignement rend onéreux le déplacement des plaideurs : on a poussé même en cette matière l'esprit de simplification si loin qu'on a autorisé le premier président de la Cour d'Appel à créer de ces audiences qui sont dites foraines, par simple ordonnance.

En cas d'instruction, le législateur a pris une foule de précautions qui rendent impossible l'emploi de mesures préparatoires inutiles. Nous en trouvons un exemple dans l'expertise.

Il y a des experts, pas tous — on en rencontre davantage de très consciencieux, — qui s'imaginent que les procès n'ont pas d'autre raison d'être que de leur procurer des émoluments. On a créé au Maroc un corps d'experts auquel il est interdit de recevoir quoi que ce soit directement des parties, tandis que le calcul des honoraires est attribué au juge, lequel fixe l'émolument sur la base du travail fourni et l'importance du litige. Ces honoraires sont donc payés au Secrétariat du Tribunal.

Les enquêtes et les visites de lieux amènent aussi souvent des longueurs à cause des déplacements auxquels ils obligent les magistrats et les agents de justice. La législation marocaine permet de déléguer à certains fonctionnaires épars sur le territoire le soin de faire les opérations dont s'agit, ce qui diminue aussi les frais de transport.

Pour qu'un débiteur ne puisse faire disparaître son actif pendant la procédure, tous les magistrats chefs de juridiction ont le droit d'ordonner que les biens d'un débiteur apparent seront mis sous la main de la justice, en attendant la décision à intervenir, afin qu'ils restent le gage des condamnations éventuelles. Cela ne veut pas dire qu'on enlève la jouissance de ces biens à ceux qui les possèdent; ils continuent à en jouir, mais ils ne peuvent plus en disposer, ni les vendre, ni les donner, ni les déplacer, ni même les grever de droits qui en absorberaient plus ou moins complètement la valeur; ces biens doivent se retrouver tant que main-levée n'a pas été donnée de la saisie qui les a frappés et rendus indisponibles. L'efficacité des opérations de justice est ainsi rendue beaucoup plus grande.

Le jugement sera en premier ou en dernier ressort. On a imaginé d'autoriser le juge inférieur à ordonner, dans certains cas déterminés, l'exécution provisoire de la décision qu'il a rendue. Quand le droit d'exécuter ainsi provisoirement une décision susceptible d'appel a été accordée à celui qui l'a obtenue, on commence par l'exécution, quitte ensuite à en effacer les effets, si ultérieurement la juridiction d'appel réforme la sentence qui lui a été déférée.

L'exécution provisoire nonobstant opposition ou appel des jugements des tribunaux de paix doit être ordonnée dans tous les cas où il y a titre authentique, promesse reconnue ou condamnation précédente dont il n'y a pas eu appel; dans tous les autres cas, le juge peut ordonner l'exécution provisoire; il peut même l'ordonner sans caution lorsqu'il s'agit de pension ou provision alimentaire, ou lorsque la somme n'excède pas 500 francs, ou s'il s'agit de réparations urgentes, d'expulsion de lieux, s'il n'y a pas de bail ou si le bail est expiré, d'apposition ou de levée de scellés et de confection d'inventaire, de séquestres, commissaires et gardiens, de réceptions de caution (Aart. 75 du Dahir de procédure civile).

L'exécution des jugements est faite au Maroc par les secrétaires-greffiers, sous la surveillance des magistrats. Cette législation spéciale a simplifié dans une large mesure les règles qui régissent en France la même matière. Mais la plus grande innovation a été, ici comme pour le reste, la suppression des officiers ministériels. L'existence des juridictions françaises au Maroc n'est pas encore bien longue; il faudrait aussi, pour qu'on pût apprécier d'une façon complète les résultats du système, que le nouveau régime foncier ait pris son entier développement. Néanmoins on entrevoit déjà que le nombre des exécutions volontaires de jugement sera plus élevé au Maroc qu'il ne l'est en France, et il est permis d'attribuer ce fait à ce qu'il ne se trouve pas près du plaideur qui vient d'être condamné des agents intéressés à lui faire faire des frais de procédure; mieux conseillé, il se résigne plus facilement à subir sa défaite.

Les statistiques font voir encore que l'exécution par les voies mobilières, c'est-à-dire par des saisies ou des main-mises faites sur des objets mobiliers, des créances ou du numéraire, et non sur des immeubles, est plus fréquente qu'en France, où les saisies immobilières, cette source abondante des profits professionnels des avoués et des huissiers, interviennent avec une fréquence malheureuse.

Espérons que ces résultats, seulement probables jusqu'ici, seront confirmés par l'expérience des années qui vont suivre.

La compétence des tribunaux doit être envisagée sous trois aspects :

1° Au point de vue des personnes ;

2° Au point de vue de la résidence ;

3° D'après la matière en litige.

En ce qui concerne les personnes, un peu d'histoire est nécessaire.

Jusqu'au temps du Protectorat français, et même encore

aujourd'hui, dans une certaine mesure, le Maroc a été et est un pays de *Capitulations*. On désigne par ce nom des traités par lesquels les puissances européennes ont obtenu, des pouvoirs locaux, certaines concessions de souveraineté qui leur ont permis de soustraire leurs nationaux à la juridiction chérifienne et d'instituer pour eux-mêmes des tribunaux devant lesquels ces nationaux pouvaient être exclusivement obligés de comparaître. Ces tribunaux prirent le nom de tribunaux consulaires. Il y en eut un grand nombre. Devant tous, la même règle fut observée: ayant seuls le droit de juger leurs nationaux, c'étaient eux qui devaient recevoir toutes les réclamations faites contre ces derniers; par exemple, un Français poursuivait un Italien devant le Consul d'Italie, et un Italien poursuivait un Français devant le Consul de France. Il y avait ainsi au Maroc autant de justices que de Consuls, et quand les affaires civiles ou commerciales s'étaient nouées entre des personnes appartenant à des nationalités différentes, il devenait difficile d'obtenir le règlement d'un litige qui se fractionnait nécessairement entre divers tribunaux indépendants les uns des autres.

Cet état de choses constituait un obstacle insurmontable à la réorganisation du pays; ausi, la France, quand elle établit son Protectorat, commença-t-elle avec les puissances des négociations ayant pour but de les amener à renoncer aux concessions de souveraineté que leur avaient faites autrefois en matière judiciaire les sultans du Maroc.

La France demandait, d'accord avec le sultan, que la compétence des tribunaux consulaires supprimés fût transférée à une organisation qu'elle se proposait d'établir, justement celle exposée ci-dessus.

L'installation des nouveaux tribunaux français a eu lieu le 15 octobre 1913; beaucoup de nations leur ont déjà transmis pouvoir sur leurs nationaux; cette évolution politique serait probablement aujourd'hui achevée sans la guerre européenne. Nul doute qu'après la paix, elle se complète avec rapidité; en attendant, on peut considérer comme acquis que les tribunaux français connaissent de tous procès civils, commerciaux et administratifs, s'ils s'agitent entre Français, Marocains ou nationaux de puissances européennes ayant renoncé à leurs tribunaux consulaires, sans qu'il y ait lieu de distinguer entre demandeurs et défendeurs (1).

Les règles de la compétence territoriale ne sont pas moins bien fixées.

Premier principe : La compétence territoriale appartient au tribunal du domicile réel ou élu du défendeur ou au tribunal de sa résidence, si ce défendeur n'a qu'une résidence, mais non un domicile, dans le ressort des juridictions françaises du Maroc. S'il y a plusieurs défendeurs, le demandeur peut saisir à son choix le tribunal du domicile ou de la résidence de l'un d'eux (art. 23 du Dahir).

Toutefois, les actions sont portées: en matière immobilière, devant le tribunal de la situation des lieux; en matière mixte (celle qui est immoblière à un point de vue, personnelle à un autre), devant le tribunal de la situation ou celui du domicile du défendeur; en matière de société, devant le tribunal du lieu du siège social; en matière de succession, devant le tribunal du lieu où la succession s'est ouverte; en matière de faillite, devant le tribunal du domicile ou de la résidence du failli; en toute autre matière commerciale, au choix du demandeur, soit devant le tribunal du domicile du défendeur, soit devant celui dans le ressort duquel le paiement devait être effectué.

Deuxième principe : Il y a trois ordres de juridictions : la plus inférieure se compose d'un certain nombre de tribunaux de paix qui connaissent des procès les moins importants et les jugent tantôt en premier, tantôt en dernier ressort. On en installera sur tous les points du territoire où cela paraîtra nécessaire; pour le moment, il y en a huit, qui sont placés à Casablanca, Rabat, Oudjda, Mazagan, Safi, Mogador, Marrakech et Fès. Nous savons déjà qu'on pourrait faire tenir à ces juridic-

(1) L'énoncé des règles auxquelles il est fait ici allusion se trouve dans le Dahir d'organisation judiciaire, art. 2, 3, 4 et 7 (1913).

tions des audiences foraines. Actuellement, le tribunal de paix de Rabat tient des audiences mensuelles à Kenitra, et d'autres sont prévues à Taourirt, à Meknès, à Ber-Rechid et à Settat; ces créations seront la tâche de demain.

Dans le second ordre des juridictions françaises prennent place des tribunaux de première instance. Ceux-ci connaissent de toutes les affaires civiles, commerciales et administratives dont l'importance a été jugée assez considérable pour cela; ils connaissent également des appels des jugements rendus en premier ressort par les tribunaux de paix. Les jugements qu'ils rendent sont en premier ou en dernier ressort. Sont en dernier ressort, les jugements rendus sur appel des tribunaux de paix ou sur des matières qui rentrent dans les attributions des tribunaux de première instance, en raison de leur importance relative, sans que toutefois cette importance soit telle qu'on ne puisse les juger définitivement. Sont en premier ressort, les jugements rendus sur les affaires de l'importance la plus considérable.

Il y a trois tribunaux de première instance: un à Rabat pour la région Nord du Maroc occidental, un à Casablanca pour la partie Sud, et un autre à Oudjda, qui a dans sa circonscription tout le Maroc oriental et le tribunal de paix d'Oudjda.

Le troisième ordre des juridictions françaises comprend une Cour d'appel qui siège à Rabat, et dont les pouvoirs s'étendent sur toute la zone de l'Empire chérifien. En matière civile, commerciale et administrative, la Cour ne reçoit que les appels des tribunaux de première instance; elle n'a donc à connaître que des affaires classées parmi les plus importantes, et ces affaires sont en très petit nombre par suite de la décentralisation considérable qui a été effectuée.

On a donné au Maroc le pouvoir de juger en référé à tous les juges de paix, sauf ceux de Casablanca, de Rabat et d'Oudjda.

Toute ordonnance de référé est susceptible d'appel, mais exécutoire immédiatement malgré l'appel. L'appel des ordonnances de référé rendues par les juges de paix va devant les tribunaux de première instance, et l'appel des ordonnances de référé rendues par les présidents des tribunaux de première instance va devant la Cour d'appel.

La juridiction des référés a été faite au Maroc beaucoup plus large qu'elle n'existe en France; s'inspirant de projets de loi sur lesquels le Parlement français n'a pas encore voté, mais qui ont été accueillis avec faveur, on a décidé que le juge des référés pourrait statuer au fond, si les parties se mettaient d'accord pour lui en faire la demande (art. 222 du Dahir sur la procédure civile), qu'il pourrait, après un accord semblable, prescrire toutes mesures d'instruction nécessaires à la solution du litige éventuel (art. 223) et statuer sur les dépens (art. 225). Une autre innovation qui mérite aussi d'être notée est celle-ci: le juge, saisi d'une simple requête, peut, s'il le croit utile, ordonner la convocation à l'audience de la partie adverse (art. 221, même Dahir).

Dans cette hiérarchie de tribunaux, il y a quelque chose de particulier: c'est que dans les tribunaux inférieurs, il est statué par un juge unique, tandis que dans les tribunaux de première instance il est statué par un collège de trois juges. On a ainsi pris parti entre deux théories opposées également défendables, qui ont l'une et l'autre parmi les économistes des partisans passionnés. L'organisation judiciaire du Maroc s'est donc maintenue dans la vérité lorsqu'elle a élargi le pouvoir du juge unique, sans le substituer complètement aux collèges de juges.

La compétence des juridictions françaises envisagée au point de vue de la matière est la suivante :

A. — En matière immobilière, la compétence des tribunaux français est limitée au cas où des Français, ou ressortissants français ou des étrangers dont le gouvernement a renoncé à ses tribunaux consulaires, sont seuls en cause. Cette règle s'applique aux immeubles marocains non immatriculés. Quant aux immeubles immatriculés, ils resssortissent exclusivement, et pour toutes les contestations qui s'y rapportent, quelle que soit la nationalité des parties, aux tribunaux français établis dans le Protectorat.

B. — Le règlement des contestations relatives au statut personnel et aux successions appartient aux juridictions françaises, en tant qu'elles se rapportent à des Français ou à des étrangers dont les gouvernements ont renoncé à leurs tribunaux consulaires, mais en exclut absolument celles qui concernent les Marocains musulmans ou israélites.

C. — Les affaires mobilières sont distribuées, en raison de leur valeur pécuniaire et de l'intérêt qu'elles présentent entre les tribunaux de paix et les tribunaux de première instance. On a fait cette répartition de manière à satisfaire aux préoccupations de décentralisation qui tenaient une si grande place dans l'esprit du législateur. L'énumération en serait longue, aride et sans grand intérêt (voir Dahir).

Les tribunaux de première instance connaissent :

En appel de tous les jugements de tribunaux de paix non rendus ou non susceptibles d'être rendus en dernier ressort, alors même qu'ils auraient été mal qualifiés ;

En premier et dernier ressort, des actions personnelles et mobilières depuis la valeur de mille francs (1.000 fr.) jusqu'à la valeur de trois mille francs (3.000 fr.), à l'exception de celles qui sont mentionnées à l'article suivant et à l'article 21 ;

En premier et dernier ressort, des actions immobilières jusqu'à cent vingts francs (120 fr.) de revenu.

Toutes autres actions de leur compétence leur sont portées avec possibilité d'appel devant la Cour.

La Cour d'appel de Rabat connaît :

De l'appel de tous les jugements des tribunaux de première instance non rendus ou non susceptibles d'être rendus en dernier ressort, alors même qu'ils auraient été mal qualifiés.

Pour terminer, disons que chaque juridiction connaît des difficultés relatives à l'exécution de ses jugements, et notamment de celles concernant les frais exposés devant elle. Il ne peut être appelé des jugements rendus en vertu de cette règle que si les jugements intervenus dans les instances principales étaient eux-mêmes susceptibles d'appel.

L'organisation de la justice pénale se rapproche plus de celle de la France que ne l'a fait l'organisation de la justice civile.

En principe, ce sont les Codes français qui régissent la matière; d'une part, les contraventions, les délits et les crimes sont punis des peines portées par le Code pénal français, toutes les fois qu'une loi spéciale promulguée dans le pays n'en a pas disposé autrement; d'autre part, les dispositions du Code français d'instruction criminelle sont applicables, à moins que le contraire ne résulte d'une loi spécialement édictée pour les juridictions françaises du Maroc.

On a emprunté à la Tunisie pour le jugement des crimes, une institution qui y a fait ses preuves, celle des tribunaux criminels. Le tribunal de première instance de Casablanca, celui de Rabat et celui d'Oudjda siègent au criminel par l'intermédiaire de trois magistrats de carrière pris dans leur sein et de six assesseurs qui statuent avec les magistrats sur la peine et sur la culpabilité, en la forme des jugements correctionnels.

Les assesseurs sont tirés au sort sur des listes établies chaque année par une commission spéciale pour chaque circonscription judiciaire. Cette liste annuelle est divisée en trois catégories; il y a celle des assesseurs français, celle des assesseurs étrangers, celle des assesseurs indigènes. Les tribunaux criminels tiennent quatre sessions par an, et, au besoin, des sessions supplémentaires. Un mois avant l'ouverture de chaque session, le tribunal de première instance tire au sort sur la liste annuelle les noms des assesseurs qui doivent prendre part au jugement des affaires inscrites au rôle. Au début de chaque affaire, le président tire au sort, sur les listes de session ainsi constituées, le nom des assesseurs qui doivent s'adjoindre aux trois magistrats de carrière pour composer le tribunal criminel qui jugera l'affaire.

Toutes les fois qu'il y a des accusés français, les assesseurs sont pris dans la première catégorie de la liste qui est celle des Français; si les accusés sont des étrangers, ils peuvent demander à être jugés par des assesseurs français, mais ils ont aussi la faculté d'exiger que trois des assesseurs soient pris sur la deuxième catégorie de la liste qui est celle des étrangers; si les accusés sont des indigènes marocains ils peuvent exiger trois assesseurs marocains.

Les tribunaux criminels sont compétents pour tout crime commis dans leur circonscription par les ressortissants français ou par les ressortissants des puissances étrangères qui ont renoncé à leurs juridictions consulaires; de plus, ils connaissent des crimes commis par des Marocains, soit au préjudice d'Européens ou des protégés européens, soit avec la complicité de justiciables des dits tribunaux, soit enfin dans certaines circonstances particulières qui peuvent être considérées comme des atteintes à l'indépendance ou à la dignité de la justice française.

Ce sont les tribunaux de première instance du Maroc qui exercent, en principe, la juridiction dévolue aux tribunaux correctionnels de France; ils ne jugent pas cependant tous les délits.

Ces jugements des tribunaux correctionnels sont tous rendus à charge d'appel; les appels vont devant la Cour de Rabat.

On a donné aux juges de paix du Maroc une compétence très étendue; ils ne jugent pas seulement les contraventions comme en France, et les petits délits comme en Algérie et en Tunisie; on leur a donné à juger, en outre, tous les délits pour lesquels la loi ne prévoit qu'une peine d'amende, ceux de vagabondage et de mendicité, et tous ceux pour lesquels le maximum de la peine d'emprisonnement édicté par la loi ne dépasse pas deux ans, de rébellion et d'outrage envers les dépositaires de l'autorité, excepté les délits d'abus de confiance et de banqueroute simple, en raison du caractère délicat et complexe des circonstances dans lesquelles ils se présentent parfois. Tous les jugements correctionnels des tribunaux de paix sont rendus à charge d'appel ; ces appels sont jugés par les tribunaux de première instance.

Les conséquences de ces règles ont été considérables et méritent d'être notées. Une première consiste dans ce fait que 60 % des affaires qui, en France, vont devant les tribunaux correctionnels, exigent par conséquent, pour leur expédition, en dehors de délais fâcheux, du personnel et des frais qu'on a économisés au Maroc, sont tranchées avec beaucoup plus de rapidité dans ce pays. Secondement, la Cour d'appel elle-même a vu son travail correctionnel diminué dans la même proportion, ce qui a été encore un moyen d'éviter l'exagération des frais de justice criminelle, la lenteur des solutions et l'accroissement onéreux du personnel de la Cour.

Tout cela a été obtenu sans qu'il se soit révélé ici aucun inconvénient sérieux de cette considérable décentralisation. Il semble que le seul recouvrement des amendes va compenser, et au delà, les dépenses de l'Etat pour la justice criminelle.

Au Maroc, pour un territoire d'une étendue considérable, où les communications sont et seront longtemps difficiles, il n'existe qu'un nombre restreint de juges de paix, d'officiers de gendarmerie et de commissaires de police; il n'y a ni maires ni adjoints. Il était donc nécessaire, sous peine de compromettre la recherche et la constatation des crimes et des délits, d'attribuer les fonctions d'officier de police judiciaire à un certain nombre de fonctionnaires présentant pour cet objet toutes les garanties désirables. C'est ce que l'on a fait en rangeant dans cette catégorie les commandants de régions, de cercles, de postes, les contrôleurs civils, les chefs de brigades de gendarmerie, les officiers du service des renseignements, les commandants de port. Par ces heureuses dispositions, on a assuré non seulement la possibilité de faire de la police judiciaire dans de bonnes conditions, mais encore, entre les servces administratifs du Protectorat et la Justice française, une collaboration étroite qui, en tendant tous les efforts vers un même but, décuple les forces utiles du pouvoir et leur donne l'énergie nécessaire pour faire face à tous les besoins.

Cette organisation constitue une bonne révolution dans nos institutions judiciaires. Peut-être faudra-t-il y revenir pour la mettre au point, d'accord avec les nécessités. Là encore, le temps montrera les points faibles d'un système si séduisant.

Quelques mois après la réforme promulguée, il a fallu créer un corps d'interprètes judiciaires près des juridictions françaises (décret du 21 décembre 1915).

On ne tardera pas à s'apercevoir que les notaires, par exemple, rédigent des contrats variés, des testaments, des actes de société, de partage ; que les commissaires-priseurs dirigent des ventes mobilières volontaires ou judiciaires, et, qu'en somme, le magistrat n'est pas omnipotent : il ne peut pas l'être. Avant de l'appeler à trancher un litige, il faut que l'accord sur lequel on discute soit né et soigneusement établi par un officier judiciaire compétent.

Il y a lieu aussi de faire quelques réserves à propos de l'absence des tribunaux administratifs, très utiles en matières financières, douanières, etc., et plus encore peut-être de celle des tribunaux de commerce qui, eux, du moins, ne sont pas indispensables. Mais n'oublions pas qu'il s'agit d'un pays jeune qui doit pendant de longues années encore développer ses institutions à mesure que les besoins naîtront. Et c'est le seul progrès de la colonisation qui seul peut accuser ces besoins. Les bases établies sont bonnes, le point de départ est excellent ; l'édifice se complètera sans trop de difficultés.

II. — L'Enseignement

La Direction de l'Enseignement a été organisée au Maroc, le 1er janvier 1913, à la suite d'une mission confiée, en septembre 1912, à M Gaston Loth, docteur ès lettres et ancien directeur du collège Alaoui, à Tunis, qui devint chef de ce service. Quelques petits établissements épars, sans liens entre eux, existaient sur les villes de la côte et fonctionnaient sous l'autorité des consuls, en groupant des petits écoliers musulmans sous la direction d'instituteurs empruntés aux cadres d'Algérie et les petits Européens sous la direction de quatre instituteurs et autant d'institutrices français venus d'Algérie ou de la Métropole. Ces établissements étaient placés sous le contrôle des consuls de France. L'enseignement y était donné dans une forme générale sans spécialisation d'apprentissage, sans adaptation locale. Chaque école vivait pour elle-même et ne connaissait pas sa voisine. Le premier soin du service de l'Enseignement fut de relier entre eux ces petits organismes, de leur donner un programme commun en tenant compte toutefois du genre de clientèle qu'ils recevaient. Les cadres du personnel furent aussitôt renforcés par de nouveaux appels faits à la Métropole, à l'Algérie et à la Tunisie. Pendant toute l'année 1913, il fallut vivre au jour le jour avec l'obligation pour l'enseignement des Européens de suivre aussi rapidement que possible les progrès de l'immigration. Un seul fait suffira à montrer les difficultés avec lesquelles le service se trouvait aux prises. Du 1er janvier 1913 au 13 mai de la même année, dans la seule ville de Casablanca, l'effectif des écoles européennes s'accroissait en moyenne de 100 élèves par semaine; il fallait trouver des locaux, appeler du personnel, faire construire du matériel et du mobilier, faire venir rapidement les livres nécessaires, etc.

En même temps, il s'agissait aussi de donner satisfaction à une clientèle musulmane qui se pressait de plus en plus nombreuse et réclamait l'ouverture d'établissements nouveaux. Toute l'année se passa à agir selon les circonstances, à faire le possible pour donner satisfaction aux multiples besoins qui se révélaient. Il en fut de même pendant le premier trimestre de 1914 jusqu'au moment où la guerre éclata. A cette époque, l'œuvre de la Direction de l'Enseignement pouvait se résumer ainsi : toutes les villes du Maroc avaient des établissements d'enseignement primaire en nombre suffisant pour recevoir les enfants tant indigènes que français, établissements où il n'était encore question que d'instruction générale et non de spécialisation, sauf sur un ou deux points, comme à Salé, où des expérience d'enseignement professionnel pour les filles et d'apprentissage pour les garçons avaient été tentées avec succès.

Lors de l'ouverture des premières écoles franco-arabes, les enfants y affluèrent comme on s'y attendait, mais on se trouva en présence d'une nouvelle couche d'écoliers que l'on n'avait pas prévue : des adultes, des hommes faits, désireux de s'instruire et d'apprendre le français. Afin de laisser les classes aux enfants, on dut ouvrir des écoles du soir, et cette mesure eut un tel succès qu'il fallut l'étendre rapidement à toutes les régions pacifiées. On utilisa ainsi beaucoup de soldats dans cet enseignement.

Au-dessus de ce groupe, déjà nombreux, d'écoles élémentaires, on pouvait aussi noter un lycée français de garçons à Casablanca, et, dans la même ville, une école secondaire de jeunes filles. Un petit externat secondaire de garçons à Rabat et un établissement du même genre pour les jeunes filles. Enfin, au sommet de cette hiérarchie scolaire, l'Ecole supérieure de langue arabe et de dialectes berbères préparant, pour le Protectorat, des interprètes et des jeunes administrateurs au courant des mœurs et des dialectes du pays chérifien.

La guerre survient. Il semble que l'œuvre commencée va être interrompue et que les résultats acquis doivent être sérieusement compromis. Mais la politique du général Liautey consiste à continuer l'œuvre administrative, malgré les terribles épreuves que subit la Métropole, à donner aux indigènes l'impression que rien n'est changé au Maroc et que la France est assez forte pour se défendre contre l'agression allemande tout en poursuivant dans l'empire chérifien le programme qu'il s'est tracé.

S'inspirant de ces directives générales, le Directeur de l'Enseignement, utilisant les instituteurs et professeurs territoriaux mobilisés au Maroc, parvint à tenir ouverts tous les établissements d'instruction existants; pas un moment, les études n'ont été interrompues. Non seulement le programme d'aménagement et de construction des écoles fut exécuté, mais il fut même possible de développer certains enseignements et d'en spécialiser d'autres, c'est-à-dire d'entrer dans la voie des réalisations pratiques convenant à un pays de colonisation, et c'est en pleine guerre que furent établis et publiés les arrêtés organisant l'enseignement des indigènes musulmans. On classa les écoles primaires où sont reçus les jeunes indigènes en deux catégories. La première, réservée aux fils de notables pour y recevoir une éducation d'ordre général susceptible de leur permettre l'accès dans les cadres subalternes de certaines administrations françaises ou de les amener à un degré d'instruction leur permettant de suivre les cours des véritables collèges d'enseignement secondaire établis selon les traditions musulmanes et à base d'enseignement arabe. Ces collèges, au nombre de deux, l'un à Fès, l'autre à Rabat (un troisième sera ultérieurement institué à Marrakech), seront la pépinière fournissant au Maghzen les hauts fonctionnaires qui lui sont nécessaires pour l'administration centrale comme aussi à l'administration des provinces.

Une deuxième catégorie d'écoles musulmanes reçoit les enfants des petits artisans, des ouvriers de la ville ou des campagnes et affecte dans son enseignement une forme nettement professionnelle. Ces établissements sont pourvus d'ateliers où les plus jeunes élèves sont soumis au préapprentissage, les plus âgés reçoivent une éducation technique plus développée, et enfin, ces mêmes ateliers servent à des adultes qui passent toute la journée à l'établi ou à la forge.

Ces organisations professionnelles ont un double but : 1° maintenir et développer si possible un certain nombre d'industries indigènes ; 2° mettre à la disposition des industriels français une main-d'œuvre recrutée dans le pays. Les cours d'apprentissage ne s'adressent pas seulement à des jeunes garçons, mais aussi à des fillettes qui, dans certaines villes, s'occupent de broderies, et, dans d'autres, de tapis.

Les ateliers et groupes d'apprentissage actuellement en fonctions sont situés à Mogador, Safi, Mazagan, Casablanca, Rabat, Salé et Fès. Des essais d'apprentissage agricoles ont été commencés à Petit-Jean et à Azemmour; ils seront développés aussi rapidement que possible.

Casablanca groupe déjà 4.000 enfants dans ses écoles secondaires, primaires ou maternelles. Et, à Tanger, on l'a vu plus haut, fonctionnent un collège français, des cours secondaires de jeunes filles, des écoles professionnelles et des écoles françaises ou franco-arabes.

On prévoit la création dans les régions non arabisées d'écoles franco-berbères. Comme la France a un intérêt politique à ne pas laisser se généraliser le panislamisme, il y a lieu de réaliser ce projet avec toute la célérité permise par les conditions mêmes de la domination du pays. Le recrutement des maîtres sera pour quelques années la grande difficulté de l'organisation nouvelle. La Kabylie algérienne pourra fournir quelques éléments, mais c'est surtout l'école arabo-berbère créée à Rabat qui doit devenir l'école normale de cet enseignement.

En somme, la Direction de l'Enseignement au Maroc en matière d'enseignement indigène s'efforce d'atteindre un but pratique et de contribüer à la prospérité économique du pays sans détacher la clientèle scolaire de ses traditions de famille. C'est dans le même esprit que, d'accord avec l'Alliance Israélite, la Direction de l'Enseignement a entrepris la réforme des établissements d'enseignement où sont instruits les juifs marocains.

Le bilan de l'effort matériel accompli depuis le 1er janvier 1913 peut se résumer dans les chiffres suivants: 14.000 enfants de toutes nationalités sont groupés dans 125 établissements d'importances diverses aménagés ou construits par le Protectorat.

Remarquons, enfin, que le lycée de Casablanca est très prospère; que, depuis deux ans, on présente de 12 à 20 élèves à divers baccalauréats, et aussi que les jeunes filles candidates aux brevets ne sont pas moins nombreuses proportionnellement. Il a fallu improviser: le lycée est encore logé dans des baraques en bois — quoique propres et bien aerées — bien placé au centre de la ville; le nouveau est en construction; mais toutes ces improvisations sont précieuses et valent infiniment mieux que rien.

Enfin, on s'inspire en tout de ce principe : adapter partout l'enseignement aux nécessités locales ou régionales, suivant les milieux et suivant la clientèle.

III. — Les Services de santé

Les Services de santé et de l'Assistance publique au Maroc sont encore réunis, mais il est à prévoir qu'ils seront subdivisés d'ici peu en deux services distincts. Ils ont pris pour l'avenir le titre de Direction de la Santé et de l'Hygiène publique, tout en continuant à englober les Services de l'Assistance.

L'administration est organisée par régions sur la base même des divisions territoriales militaires.

Dans chaque région on a créé une grande infirmerie ou un hôpital indigène qui reçoit les malades graves nécessitant un traitement assidu et une surveillance constante. Mais, dans le bled, chaque poste militaire est pourvu d'une formation sanitaire sommaire où l'on hospitalise aussi provisoirement et où l'on peut traiter les malades qui se présentent, à moins que leur transfert à l'hôpital ne soit immédiatement décidé.

Le personnel hospitalier est civil et militaire. Les civils sont affectés aux postes du littoral et aux régions pacifiées où l'on peut compter sur une stabilité parfaite sans éventualité d'incertitude ou seulement de déplacement. Ceux-là sont les médecins du Protectorat, ce sont les éléments de la future organisation des médecins de colonisation.

Pour les zones militaires, on utilise les médecins militaires des postes d'occupation auxquels il est attribué une légère indemnité complémentaire.

Et, entre les postes, sur les espaces desservis par les services régulièrement organisés, on a créé des groupes sanitaires mobiles qui sont, en réalité, de véritables petits hôpitaux ambulants: chaque groupe sanitaire mobile est autonome et possède ses muletiers, ses remèdes, ses vaccins, de même que ses médecins et ses infirmiers.

Tout ce service est centralisé entre les mains d'un médecin inspecteur militaire, tandis que son adjoint est, au contraire, civil. Et, à l'heure actuelle, il n'y a pas moins de 70 formations sanitaires déjà constituées. Le service des vaccinations est partout très actif.

Les indigènes apprécient énormément les services que rendent à la population ces consultations, soins médicaux instantanés ou à longue durée; un chef de poste militaire, dans le bled, me confiait que le médecin militaire qui venait à jours fixes deux fois par semaine, donner des consultations dans son poste, était son plus puissant agent d'influence et de pacification dans sa circonscription de commandement.

Et il n'en coûte au budget marocain, pour tout le pays, toutes dépenses comprises, que 1.500.000 francs. D'autre part, sur l'emprunt de 1916, 10 millions ont été réservés pour extension et amélioration de ces services, sur lesquels 3 millions ont été déjà employés.

Le chiffre des consultations est continuellement ascendant : en chiffres ronds, il est de 500.000 en 1913, 700.000 en 1914, 900.000 en 1915, au grand profit de l'influence française.

Quant à la colonie européenne, elle dispose de moyens plus normaux. Dans le Maroc occidental, des médecins civils sont installés à Casablanca, Marrakech et toutes les villes de quelque importance, de même que l'on trouve dans tous ces centres des pharmacies très convenablement approvisionnées; — il y a encore des pharmaciens anciennement établis dans le pays qui ne possèdent aucun diplôme régulier, mais on les tolère à titre provisoire.

En outre, dans le bled, les civils sont admis et traités dans les formations sanitaires militaires, à charge de remboursement à taux journaliers fixés — très bas — par les règlements, des frais d'hospitalisation.

Ajoutons qu'il existe un Institut antirabique à Rabat.

CHAPITRE V

L'EXPLOITATION AGRICOLE

I. — Les Sols et leurs aptitudes agricoles

Avec le climat, la terre est l'élément déterminant d'une exploitation agricole par la culture intensive ; il importe toutefois de faire remarquer immédiatement que c'est sur cet élément seul que la technique moderne peut avoir le plus d'action, pour le modifier et l'améliorer. Mais cependant, exception faite des régions très voisines des ports, la rareté et la difficulté des communications peut souvent être un obstacle sérieux à l'amélioration du sol, tout au moins à la différer jusqu'au moment où routes et chemins de fer permettront à bon compte le transport des engrais, des amendements et du matériel. Il faut donc prévoir de nombreux cas où l'on se bornera, en commençant, à exploiter les terrains naturellement riches, réservant pour plus tard la mise en culture des parcelles plus médiocres, que l'on utilisera en attendant comme terrains de parcours ou par l'ensemencement de plantes fourragères peu exigeantes et de culture facile. La technique agricole bien comprise doit arriver à préciser, préalablement à toute entreprise, un plan de mise en valeur progressive et logique sur un domaine déterminé, qu'il faut par conséquent bien étudier. Sans cette minutie préparatoire on s'expose à procéder au petit bonheur : on peut réussir comme aussi se tromper lourdement quels que soient les capitaux dont on dispose et la nature de la spéculation que l'on se propose.

Je crois même devoir insister, à cette occasion, sur les nombreuses erreurs ou insuffisances que j'ai pu constater dans mes enquêtes à propos des indications approximatives non contrôlées, mais néanmoins affirmées dans les livres, articles ou brochures concernant l'agriculture marocaine. En principe, il faut s'en tenir aux instructions prudentes de l'administration ou aux conseils de praticiens, du pays ou du nord africain, formés par une expérience assez longue aux conditions générales et particulières de la culture, à moins que l'on ne consente d'avance à risquer soi-même les essais qui doivent éclairer définitivement le cultivateur. Mais, évidemment, on agira avec une sécurité d'autant plus grande que l'on s'écartera moins des habitudes routinières déjà consacrées par la pratique de la région où l'on est établi.

La question climat sera rapidement élucidée : le Maroc, étudié depuis peu d'années, bénéficie du climat nord africain en général, un peu plus favorisé par les pluies que l'Algérie et la Tunisie, parce que ses vallées sont largement ouvertes sur l'Atlantique vers l'Ouest, et que les orages sont rares dans les plaines.

1° Pour les régions de Meknès et Fès, la moyenne de la hauteur pluviale annuelle est de 600 millimètres répartis en quatre-vingts jours ;

2° Sur la bande côtière comprenant le Gharb et l'arrière-pays de Rabat et de Casablanca, jusqu'à une profondeur d'une cinquantaine de kilomètres, elle est de 550 millimètres distribués entre soixante-trois jours ;

3° La plaine des Beni-Ahsen, le territoire des Zaërs et la Mamora, la moyenne Chaouia jusqu'à Settat, les Doukkala et les Abda reçoivent 500 millimètres en soixante jours de pluie ;

4° La Haute-Chaouïa jusqu'à Mechra-ben-Abbou, les Ahmar et la région de Mogador disposent de 400 millimètres en cinquante-deux jours ;

5° Marrakech et la région environnante sont dotés de 300 à 350 millimètres ;

6° Enfin, à l'extrême Sud, le Sous présente le minimum de hauteur pluviale avec 200 milimètres environ.

Ces données pluviométriques ne sont que des moyennes dont on peut s'éloigner beaucoup parfois ; les sécheresses récentes de 1905, 1908 et 1913 sont encore dans la mémoire des premiers pionniers. Mais, avec des méthodes culturales appropriées, leurs conséquences sont de moins en moins désastreuses. La répartition de ces pluies dans les saisons est beaucoup plus importante que leur quantité absolue. Les semailles d'hiver sont à peu près toujours favorisées; c'est l'arrière-saison, avril-mai, qui est le plus régulièrement dépourvue d'eau, et c'est contre cette infériorité qu'il faut se prémunir par les travaux du sol pour favoriser la période critique de la vie des plantes et l'épiaison des céréales.

Mais dans toute la région atlantique l'humidité du sol et de l'atmosphère est fort heureusement entretenue par d'abondantes rosées qui se manifestent toute l'année et surtout de mai à septembre. Le brouillard intense qu'elles font apparaître tous les matins, que le soleil a de la peine à dissiper, m'a beaucoup frappé au cours de mes tournées. Cette observation est en relation directe avec la très forte hygrométrie de l'été du littoral, dont le taux de 80 % est à peu près constant; elle explique la réussite en terre sèche des cultures estivales de maïs et de pastèques qui s'égrènent tout le long de la côte, de Rabat à Mogador, où la nature sablonneuse du sol se prête à l'utilisation parfaite de l'humidité ambiante et souterraine.

Voyons les terres maintenant :

La terminologie indigène classe les terres du Maroc occidental assez clairement par leur apparence, mais sans aucune précision scientifique ne permettant pas, même par induction, de les rapporter à leur origine géologique. Ce sont évidemment des sols de formation granitique et schisteuse. Donc, c'est encore l'incertitude à peine corrigée par l'observation des faits.,

Dans le langage courant on distingue les terres de culture en :

Remel : terre sablonneuse, maigre et parfois mouvante;

Hamri : terre siliceuse, fertile et souple, de couleur généralement rouge, d'où son nom;

Harroucha : terrain silico-calcaire, souvent pierreux;

Dahs : terre alluvionnaire silico-argileuse et argilo-siliceuse;

Tirs : terre franche, de grande productivité en année pluvieuse, manquant parfois de calcaire, d'origine variable, suivant les régions, mais présentant toujours cette particularité d'être fortement imprégnée de sels de fer plus ou moins oxydés et dont la couleur varie du noir foncé au noir ocreux.

D'autres expressions locales peuvent avoir cours, mais elles n'ont qu'un intérêt secondaire (1).

Ces noms, d'ailleurs, ne signifient rien de bien précis, et ils se retrouvent plus ou moins déformés en Algérie et même jusqu'en Tunisie parfois; les données de l'expérience manquent encore presque totalement, les analyses physiques et chimiques des sols se comptent encore par unités et les cartes agronomiques sont, par conséquent, encore inconnues : ce sera l'œuvre du temps et des crédits de recherches.

Comme donnée acquise, il faut cependant retenir celle-ci : l'expérience nord-africaine a nettement démontré que les plantes résistent mieux à la sécheresse dans les sols légers que dans les terres fortes et argileuses. Ainsi s'exlpliquent, par exemple, les bons rendements moyens qu'obtiennent les indigènes dans les terres hamri de la zone littorale.

Au point de vue agronomique, le territoire du Maroc occidental peut être réparti en un certain nombre de zones qui correspondent à autant de régions naturelles ayant leur physionomie particulière et qu'on ne peut étudier qu'en les considérant isolément.

La zone atlantique de la meseta marocaine est divisée en trois circonscriptions : Chaouia, Doukkala et Abda, dont les limites sont un peu conventionnelles et qui ne possèdent pas en tout cas des caractères physiques nettement différenciés.

Les terres de culture de la Chaouia se divisent nettement en deux parties : le Sahel ou littoral, qui peut se délimiter par une ligne parallèle à la côte et distante de celle-ci d'une vingtaine de kilomètres environ, et l'intérieur, plus varié dans son relief et à sol moins uniforme. Les terres sahel reposent sur une carapace calcaire et seraient peu productives si l'état hygrométrique élevé de l'air n'y favorisait la réussite des cultures d'orge et de maïs. Abstraction faite de leur situation aux portes de Casablanca, ces terres sahel conviendraient fort bien au boise-

(1) La classification donnée ici avec toute la précision possible, en l'état de nos connaissances, est celle de M. Malet, directeur de l'Agriculture et de la Colonisation.

ment par le pin des Landes et à l'exploitation de la résine et de ses dérivés qui a enrichi nos landes de Gascogne. C'est au gouvernement du protectorat qu'il incombe de prendre une pareille initiative et de planter lui-même ou de susciter la formation de sociétés qui prendraient en mains cette spéculation, car les colons isolés préfèrent toujours les entreprises à revenus à courte échéance : c'est une question qui mérite d'être étudiée et mise à point. On devrait tout au moins expérimenter ces plantations dans les régions les plus éloignées des villes où la colonisation ne se porterait qu'avec hésitation et à défaut de situations meilleures.

On trouve des sahels blancs où la silice domine, qui semblent être de simples apports des sables de l'Océan, des sahels rouges, un peu moins siliceux mais fortement calcaires, c'est l'hamri, coloré par les des oxydes de fer, assez riche en azote et en potasse mais pauvre en acide phosphorique; les rendements en céréales y sont faibles; et, enfin, des sahels noirs, fertiles qui constituent les bas-fonds ou les vallées des oueds. C'est à la limite de ces vallonnements du sahel que commencent les plaines intéressantes pour la culture des céréales.

La grande plaine des tirs, triste, sans une ondulation, sans un arbre communique une impression de tristesse ou de monotonie, mais c'est la *Terre Noire* du Maroc. En Russie, le *Tchernozième* (1) est la terre classique des céréales : elle doit son nom à l'épaisse couche d'humus qui la recouvre: c'est un sol où dominent essentiellement l'argile et le sable. Ici également le calcaire est l'élément défaillant, et le rapprochement que l'on peut faire avec les tirs riches en azote et en potasse est au moins logique; ce sont aussi des terres à céréales reposant en général sur un sous-sol calcaire s'imbibant facilement par les pluies de l'hiver et rendant aux récoltes leur humidité aux mois d'avril et mai par la capillarité. Dans cette plaine, les procédés perfectionnés de cultures et de travaux assureront à la colonisation une grande prospérité, si l'on en juge

(1) *Annales Agronomiques*, 1894. V. mon étude: L'Avenir de l'Agriculture.

par analogie avec certaines régions similaires de l'Algérie et aussi par de nombreuses tentatives heureuses des colons mêmes déjà établis dans la Chaouïa.

La proportion de l'argile dans la composition du sol n'est pas indifférente cependant : si elle est élevée, les charrues indigènes ne les labourent pas assez profondément pour pouvoir emmagasiner assez d'humidité pour les besoins des récoltes; de là les faibles rendements de 5 quintaux qu'ils y obtiennent eux-mêmes. Mais avec les bonnes charrues européennes qui labourent à 20 et 25 centimètres, on emmagasine une humidité qui se retrouve jusqu'à l'été et assure de beaux rendements. Les blés ainsi obtenus pèsent 7 à 8 kilog. de plus par hectolitre que les blés indigènes. Tandis que dès le mois de mai les céréales indigènes jaunissent du pied et mûrissent rapidement, dans les récoltes françaises elles continuent à se développer pour mûrir normalement. Quand les communications seront faciles il y aura évidemment intérêt à apporter dans ces sols des superphosphates pour corriger la pauvreté en acide phosphorique.

Les tirs blancs sont les plus fortement argileux ; ils contiennent jusqu'à 70 % d'argile, sont très collants et de travail très difficile sinon impossible pendant les pluies.

Cet inconvénient existe aussi d'ailleurs dans les tirs noirs: c'est donc avant tout une question à résoudre par la puissance du matériel de labour.

Les tirs rouges, de couleur chocolat, ne contenant que 40 à 45 % d'argile pour 30 à 40 % de silice et 10 °/° d'humus, sont beaucoup moins collants, ils s'effritent naturellement en petits grains au lieu de se crevasser. Ils sont à rechercher, quoique souvent envahis par l'iris et l'asphodèle, parce que dès la seconde année de culture française, ils donnent d'excellents rendements.

A la grande plaine de tirs et d'hamri succède un plateau plus accidenté, d'une altitude moyenne de 250 mètres, dont la valeur agricole n'est pas inférieure à celle de la région basse. La gamme des cultures pratiquées à Settat par les indigènes de la Chaouia est extrêmement variée; en outre du blé et de l'orge, ils produisent des quantités importantes de maïs, de fèves, de pois chiches, de lentilles, de fénugrec, de coriandre.

Il est toutefois un problème, non insoluble mais présentant, par places, des difficultés assez sérieuses, qui doit appeler l'attention du colon dans la Chaouia, c'est celui de l'eau. La nappe aqueuse souterraine est à 10 ou 15 mètres, et parfois plus profondément encore ; les rivières, souvent encaissées, pas très nombreuses, ont beaucoup d'eau mais demandent des travaux assez grands pour pouvoir être utilisées pour les irrigations; plusieurs oueds sont déjà vaguement aménagés pour l'irrigation des vergers, et, enfin, de nombreuses petites sources sont utilisables.

Le pays Doukkala est plus favorisé au point de vue de l'eau que la Chaouia: on y retrouve le remel, l'hamri et les tirs. C'est aussi une région agricole convenant par parties au blé, à l'orge, au maïs et au sorgho, même au lin, à l'alpiste et à divers légumes. Ces conditions favorables attirent depuis quelques années l'attention des colons; plusieurs s'y sont déjà établis; mais la population y est la plus dense du Maroc; l'indigène tient à son sol et les possibilités de colonisation sont assez limitées.

Le bled Abda, au sud des Doukkala, reproduit jusqu'à l'oued Tensift, les traits généraux indiqués ci-dessus: c'est un pays peuplé, où les chèvres et les moutons sont nombreux, où les deux tiers du sol sont cultivés en orge, puis, le reste, en blé, maïs, alpiste et, sur une moindre échelle, en cumin.

La région méridionale de l'intérieur est également un pays de moutons; on y cultive des céréales, le maïs, le sésame, l'olivier, le chanvre et le mûrier, ainsi que des fruits très variés qui alimentent les marchés du centre en oranges, dattes, jujubes, abricots poires. Mais, le fait est à noter, c'est en raison des possibilités d'avenir, le pays du coton et de la canne à sucre. Marrakech semble devoir renaître en sa grandeur par ces deux cultures qui promettent, en outre, des éléments de trafic aux ports de Safi, Mazagan et Mogador.

Dans le nord du Maroc, le Gharb est une des régions les mieux dotées au point de vue de l'hydrographie : le Sebou, le

Rdom, le Beth, l'oued Zha ont des eaux abondantes qui roulent lentement dans les plaines en méandres capricieux ; la nappe souterraine se trouve à faible profondeur. Le Gharb est plutot un pays d'élevage qu'une région à céréales; il semble aussi pouvoir donner du coton — qui n'y est pas inconnu. Mais dans les plaines alluviales qui longent les oueds, les terres profondes silico-argileuses, les tirs se prêtent à une culture rationnelle et promettent de beaux rendements. Et c'est là que l'initiative privée s'est judicieusement portée, une centaine de colons s'y sont déjà établis et cultivent, soit directement, soit en association avec les indigènes.

De la région de Meknès et Fés, rien à dire de particulier; c'est un pays où toutes les aptitudes agricoles se révèlent: les vers à soie, l'olivier, les céréales, le mouton, la vigne, les arbres fruitiers y trouvent leur place. Les routes, les chemins de fer et les colons y ont un champ d'expansion illimité et les capitaux y resteront longtemps l'élément prédominant de la mise en valeur.

C'est la zone de transition avec les grands plateaux qui se succèdent par seuils successifs à partir de Dar-bel--Hamri. Les territoires des Gherarda et des Zerhana forment un horizon miocène de collines marneuses et dénudées « dont la productivité pour le blé sur l'orge et l'avoine est comparable à celle des meilleures terres du Tell algérien ». A proximité, l'olivette du Zerhoun ne comprend pas moins de 200.000 arbres. Il y a de l'eau partout, et, entre les deux capitales moghrébines, des milliers de parcelles irriguées fournissent les légumes et les fruits, le riz et le chanvre qui alimentent toute la région.

La région de Fés sera aussi celle de la soie, pour peu que le Protectorat continue ses efforts; il n'y a pas moins de 6.000 mûriers autour de la ville.

Aux environs de Rabat, enfin, le véritable développement doit être attendu surtout de la mise en valeur de l'hinterland que constituent les pays Zaër et Zemmour: sols granitiques ou argileux, schistes ou ardoises, remels, hamris et tirs s'y retrouvent en proportions diverses. Les Zemmours et les Zaërs sont des pasteurs semi-nomades qui élèvent des troupeaux de bœufs et de moutons sur des landes que vivifiera un jour, par places grandissantes, le soc de la charrue française.

Inutile de dire que le voisinage des villes habitées par les Européens seront les premières régions qui attireront les colons, les fermes à production intensive pour approvisionner ces centres de consommation déjà assurés; c'est dans ces banlieues, plus ou moins rapprochées, plus ou moins bien desservies par les moyens de circulation, que prennent place logiquement la laiterie, les cultures maraîchères et fruitières, la volaille et aussi la production intensive du bétail de boucherie.

Mais il y a un second Maroc agricole qui n'est pas le moins intéressant et dont il faut indiquer les traits généraux : je veux parler du Maroc oriental, qui s'étend de la limite ouest de l'Algérie jusqu'au delà de la Moulouya à la ligne de partage des eaux de la Sebou et de ses affluents, l'Innaouen en particulier, vers Taza. Cette délimitation est d'autant plus imprécise que, dans le sud, c'est la région désertique des tribus nomades. Il s'agit, ne l'oublions pas, d'une grande province, qui n'est, en fait, qu'un complément géographique, physique, géologique et agricole de l'Algérie, déjà bien connue et exploitée par nos colons. Et c'est probablement aussi la région la mieux colonisée du Maroc dès maintenant, du moins par les colons agricoles.

Prolongement naturel de l'Oranie, le Maroc oriental comprend, comme elle, trois zones bien distinctes, qui se succèdent dans le sens de la latitude: une zone de Sahel et de Tell, une zone de steppes, un zone de Sahara; la première est le pays des cultures et des forêts, — c'est la seule à envisager en ce moment, — le steppe est le pays du mouton, comme partout; le Sahara, le pays du dattier et des oasis. Vers Guercif, sur la Moulouya, dans les plaines de Djefira et de Trafata, le caractère juridique du sol occupé à titre collectif par les indigènes rend les acquisitions de terrains difficiles pour les Européens.

La région de Taza, à l'extrême ouest, est très prometteuse, mais toute prévision est encore prématurée.

La moyenne des pluies dans cette région (35 à 40 centimètres) parait suffisante pour assurer les récoltes de blé, d'avoine et d'orge.

C'est surtout dans la plaine des Angad et dans celle des Triffa que la colonisation agricole a pris une extension considérable, la région des Triffa paraissant *à priori* plus favorisée que les Angad. On trouve là des hamri et des tirs rougeâtres ou noirâtres, riches en matières organiques et non dépourvus d'acide phosphorique. Dès maintenant, les Européens cultivent dans ces régions près de trente mille hectares, soit directement, soit partiellement en association avec les indigènes ou quelquefois par khamessa. La main-d'œuvre est facile et abondante; Arabes des Beni-Snassen et Berbères du Riff font d'excellents ouvriers agricoles. Une culture soignée doit donc devenir possible aisément sous la seule condition de l'apport de superphosphates. Le *dry farming,* les labours de printemps, déjà expérimentés se sont montrés un excellent préventif contre la sécheresse.

Des cultures autres que les céréales semblent devoir réussir et sont déjà implantées dans le Maroc oriental : la vigne, le coton, le géranium (importé de la Mitidja), l'arachide qui, en outre de ses graines, fournit par ses ramilles un excellent fourrage dont les bovins sont très friands, la betterave (demi-sucrière pour pouvoir être ensilée), enfin, le tabac.

Le Maroc oriental demanderait une monographie spéciale, tant les progrès de la colonisation y ont été grands et bien conduits. La similitude de la contrée avec l'Algérie a sans doute facilité l'installation des premiers pionniers et encouragé les capitalistes à créer des entreprises dans un milieu plus connu, plus familier, où les débuts étaient plus faciles que dans le Maroc occidental. Oudjda, Berkane, Martimprey sont déjà des centres de trafic vivants et animés, des marchés qui ont leur vie propre organisée.

Si l'on voulait résumer dans une impression d'ensemble les aptitudes agricoles du Maroc, on pourrait la formuler en un petit nombre de propositions assez affirmatives pour guider les colons.

Le Maroc n'est pas un pays plus riche ni plus pauvre que

l'Algérie ou la Tunisie: il y a des régions très favorisées par la nature, d'autres ne sont constituées que par des plateaux secs, et d'autres ne conviendront longtemps encore qu'au pâturage intensif du bœuf rustique qui, lui, améliore rapidement son pâturage, ensuite du mouton qui est plus délicat que le bœuf. La culture a un magnifique avenir, mais elle ne devra pas manquer de capitaux. Le rôle des engrais est à peine entrevu jusqu'ici.

Certaines cultures arbustives, la vigne, le coton, le mûrier, l'olivier sont nettement possibles.

Le Maroc est donc un pays de culture extensive, à profits élevés sauf par places et pour certaines spéculations, où les méthodes intensives peuvent exceptionnellement trouver aussi leur application.

Ces caractères apparaîtront avec plus d'évidence encore en étudiant les cultures et le bétail.

II. — La Colonisation agricole

Dans toute entreprise coloniale, il est une illusion courante que partage à peu près intégralement tout le parti dit colonial et, avec lui, la nation toute entière, c'est qu'il s'agit de mettre en valeur une contrée nouvelle dans laquelle il n'y a rien que la terre, les eaux, les montagnes et le climat; on néglige dans l'appréciation des faits les plantations, les mines que récèle le sous-sol, les cultures anciennement pratiquées, et même les habitants qui ne semblent constituer que des hordes plus ou moins guerrières, qu'il faudra soumettre d'abord et éduquer une fois soumises. Cependant ces plantations peuvent être du chêne-liège, du palmiste, du kolatier, des oliviers, etc., etc., qu'il suffit d'exploiter avec un peu plus de méthode; ces mines peuvent fournir des matériaux abondants pour l'industrie, ces cultures d'igname, de canne à sucre, de café, de coton, de céréales, de graines oléagineuses, etc., donnent des produits réguliers sur lesquels peut s'établir un trafic et, enfin, ces habitants cultivent rudimentairement le sol, en vivent et passent entre eux des contrats primitifs, si l'on veut, mais qu'ils reconnaissent et qu'ils respectent. N'est-on pas un peu trop porté à oublier cette situation initiale ?

La colonisation consiste donc à se superposer seulement à une civilisation primitive et à introduire une civilisation supérieure dans un pays nouveau avec les avantages moraux et matériels qui en découlent : cette action dominatrice incombe aux capitaux qui créent les entreprises, à l'administration qui organise et légifère et à l'influence morale dont dispose l'autorité, qui discipline, instruit, pacifie et élève le niveau intellectuel des populations. Là où il n'y avait qu'une organisation chaotique, s'installe graduellement une organisation ordonnée. Mais tous ces progrès doivent marcher de front, sinon il subsiste des lacunes, des fissures par où naît et s'accroît le mécontentement.

Il faut donc, en toute rigueur, aborder, étudier et solutionner isolément chaque question tout en tenant compte des répercussions qu'elle peut avoir sur l'économie générale. C'est un rôle d'adaptation au milieu et aux circonstances et de direction incombant avant tout au pays colonisateur. Et son influence sera d'autant plus active et rapide que les capitaux apportés seront plus abondants et que les hommes appelés à donner l'impulsion nécessaire seront mieux choisis.

Il n'est pas jusqu'à la proximité de la métropole qui ne puisse attirer dans notre nouveau protectorat, colons, commerçants, industriels et touristes.

Sur ces principes, il devient facile de donner des précisions de détail dont l'utilité constitue l'essence même de la science de la colonisation.

La mise en valeur d'un pays, vieux ou neuf, est proprement l'exploitation par les meilleures méthodes possibles du fonds et des ressources générales jusque là incomplètement ou mal utilisées par les autochtones. Elle doit être précédée partout par les travaux d'utilité générale : aménagement des forêts, régularisation de l'hydraulique, routes, ports, chemins de fer, postes, télégraphes, qui doivent marcher de pair avec l'installation des services administratifs et financiers, cultes, écoles, marchés, hygiène, douanes, justice, etc.

La base fondamentale de toute œuvre coloniale est naturellement l'établissement d'un régime foncier stable, simple et offrant des garanties suffisantes aux intéressés en ce sens que les entreprises soient suffisamment sollicitées, encouragées et protégées.

Rien de particulier à signaler au sujet de la propriété bâtie : elle suit le développement de la richesse, s'organise suivant les besoins des populations, presque sans aucune immixtion du gouvernement, sauf en ce qui concerne les contrats auxquels elle peut donner lieu, et elle retombe alors sous le régime de la législation générale.

Au contraire pour la propriété immobilière non bâtie, pour l'exploitation du sol, de nombreux problèmes se soulèvent automatiquement, souvent difficiles et de résolution délicate : constitution juridique, enregistrement, attributions par vente aux enchères ou à l'amiable, concessions par grandes étendues ou par petits lots d'exploitation individuelle, contrats d'exploitation avec les indigènes, etc.

Tout cela demande une sorte de code analogue à la loi argentine du 8 janvier 1903, comportant des précisions sur la définition et la délimitation de ce qui peut constituer le domaine public. En Tunisie, le décret du 24 septembre 1885 a donné les premières précisions à ce sujet, et il a été ultérieurement complété par celui du 16 décembre 1903 qui a établi les conditions d'aliénation des terres et accorde quelques facilités aux acquéreurs de biens de l'Etat. De même les décrets du 8 février 1892 et du 30 avril 1905 ont créé des facilités pour les acquéreurs de terres sèches utilisables par la seule culture des arbres à grands espacements, de l'olivier presque exclusivement, et cette initiative heureuse a largement porté ses fruits dans tout le centre-sud tunisien.

Mais tout cela suppose aussi par induction que l'Etat a des terres à vendre déjà précisées dans leurs contingences, délimitées, qu'il a le droit de les vendre, de les louer et de les garantir. Au Maroc, la délimitation du domaine de l'Etat — public ou privé — est encore en cours; il sera même difficile de dégager ce qui doit être considéré comme proprement terre *melk*, ce qui est terre guich, bien maghzen, habou, ce qui est la propriété ou la jouissance des caïds, comme aussi de faire disparaître beaucoup d'autres entraves juridiques, théoriques ou pratiques, purement effectives et traditionnelles ou réelles. Pour plusieurs domaines forestiers et ruraux la solution est déjà donnée, et ils ont été immatriculés, mais la cadastration administrative doit se continuer avec autant de prudence que de persistance; pour les propriétés urbaines en particullier, cette immatriculation est en voie d'achèvement, peut-on dire, dans le bled, et pour tout ce qui concerne la propriété rurale elle durera assez longtemps.

Le gouvernement du protectorat avant d'envisager l'organisation d'un système de colonisation officielle a donc dû s'attacher à préciser la consistance et à épurer la situation juridique de la propriété foncière. L'Administration des domaines est spécialement chargée de ce soin.

Des lotissements urbains ont déjà été aliénés ou loués à Kénitra, Petitjean, Rabat, Marrakech; des jardins domaniaux ont été loués à Fés, Marrakech. Mais, de plus, la direction de l'agriculture et de la colonisation se verra affecter, au fur et à mesure des possibilités, des domaines maghzen, en vue de leur lotissement pour les céder aux colons qui en feront la demande. Ces terrains seront vendus avec facilités de paiement et moyennant l'obligation pour les intéressés de résider pendant un nombre d'années déterminé sur les propriétés qu'ils auront acquises par cette voie.

On a vu dans les paragraphes consacrés à la propriété, aux Habous (chapitre II), quelles facilités et quels avantages offrait la location des biens habous, quels écueils il faut éviter dans l'achat des terres sous le régime des lois musulmanes en général, quelle sécurité fournit aux acquéreurs le régime de l'immatriculation ; je n'y reviens pas.

Dans les ports et autour des ports, dans une zone de 10 kilomètres environ, les facilités d'achat varient selon les localités.

Jusqu'ici, il n'est pas question de concessions d'aucune sorte au Maroc, en matière foncière au moins. Le système des concessions ne peut fonctionner qu'en matière de travaux publics, de mines, carrières ou d'autres entreprises ne visant que des exploitations industrielles, minières ou commerciales, mais, en ces cas, c'est logique et nécessaire.

Quatre à cinq cents colons français environ sont déjà installés au Maroc pour y faire de l'agriculture, principalement en Chaouia, dans la vallée du Sebou et dans le Maroc oriental. Un certain nombre d'entre eux résident dans le *bled* avec leur famille, mais la plupart sont encore logés d'une façon rudimentaire dans des constructions en briques de terre ou en tôle ondulée, voire même sous la « nouala » marocaine; cette nouala est essentiellement réduite à une tente couverte de chaume sur un clayonnage de roseaux posé lui-même sur un soubassement en pisé. Evidemment des installations plus confortables deviennent bientôt nécessaires, et elles apparaissent graduellement à mesure que s'installent les fermes définitives qui sont dans la conception de chacun des colons.

On peut classer dans la grande culture les domaines dépassant 400 hectares, dans la moyenne ceux de 400 à 100 hectares, au-dessous c'est la petite culture. En France ou en Angleterre, ces bases seraient beaucoup trop étroites, et de même, pour des raisons inverses, en Amérique ou en Australie; mais au Maroc et dans toute notre Afrique du Nord elles sont suffisantes.

Pluiseurs facteurs sont à envisager lorsqu'il s'agit de créer une exploitation agricole : les aptitudes professionnelles de l'exploitant, l'orientation de cette exploitation : cultures, arboriculture, élevage, produits maraîchers, etc., outillage à introduire, tout cela restant subordonné à la somme de capitaux dont on peut disposer.

En général, la main-d'œuvre est une question secondaire ; avec un peu d'ingéniosité, on arrive à se la procurer; il faut se préoccuper du logement toujours, et parfois de l'approvisionnement, c'est vrai; mais, dès la première année, on peut la trouver, et on l'augmente à mesure que les besoins de l'exploitation s'accroissent : on ne s'expose qu'à sa propre imprévision, bien rarement à des impossibilités. Le vieil adage de Franklin est vrai sous toutes les latitudes : « A côté d'un pain naît un homme ».

La valeur d'achat des terres variant de 75 à 250 francs l'hectare, selon leur qualité et le plus ou moins grand éloignement d'un centre ou l'accès plus ou moins facile de voies de communication, ne représente, en effet, qu'une assez faible part des dépenses à engager.

La petite colonisation ne saurait être préconisée encore, sauf le cas d'exploitations maraîchères ou laitières aux environs des villes, qui exigent cependant une mise de fonds relativement importante en aménagements de l'eau (puits, noria, dérivation de rigoles), fumures, outillages et main-d'œuvre, mais qui se présentent jusqu'ici comme d'un profit certain. Les petits colons, en effet, ne peuvent s'isoler loin des centres sous peine de perdre beaucoup de temps et d'argent : ils doivent avoir à portée un forgeron, un bourrelier, pour réparer les outils, les charrues, les harnais; ils doivent pouvoir s'approvisionner facilement, louer une moissonneuse, traiter avec un entrepreneur de battage.

Quant à la grande et à la moyenne colonisation, les conditions sont bien différentes : l'une de celles que l'on néglige trop et trop souvent, c'est celle de la compétence du personnel dirigeant. Pour mener à bien une exploitation agricole, il faut des connaissances techniques approfondies d'abord, ensuite une certaine aptitude à parler la langue des indigènes, et autant que possible être familiarisé avec leurs coutumes, — ces deux qualités s'acquièrent d'ailleurs parfois en un temps très court. Un stage dans un domaine agricole du pays est donc une utile préparation pour ceux qu'un séjour en Algérie ou en Tunisie n'a pas rompus à la pratique du milieu climatérique, économique et social.

A un point de vue plus élevé, on doit considérer que le succès des fermes françaises est une condition de bonne colonisation pratique, de l'affermissement et de l'accroissement de notre influence sur les populations indigènes par un moyen pacifique, l'exemple par le fait, en propageant les bonnes méthodes culturales, tout en distribuant des salaires dont celles-ci profitent. Cette propagande est plus efficace que l'enseignement officiel que pourrait dispenser l'administration. Si les recherches techniques, les expériences reviennent logiquement aux pouvoirs publics, le colon par contre est le meilleur collaborateur de l'œuvre administrative pour la diffusion des résultats pratiques à obtenir. Les progrès de l'agriculture indigène en Kabylie, à Sétif, à Sidi-bel-Abbès et en Tunisie, dus à cette seule raison, sont bien connus aujourd'hui, et la substitution aux anciennes méthodes routinières d'un outillage perfectionné n'a pas d'autre cause. Les colons doivent gagner de l'argent et en faire gagner aux indigènes, c'est-à-dire organiser la prospérité générale.

Ajoutons enfin que « la ferme française est mieux encore qu'un centre d'attractions instructives : elle représente aussi dans la solitude du bled un foyer de bonté et d'humanité dont les malheureux khamès connaissent et apprécient la vertu bienfaisante en année de misère et d'épidémie » (1).

III. — Les Capitaux

Aprrès avoir assuré à toute entreprise agricole une direction compétente, il faut se préoccuper de la seconde exigence : les capitaux. Sous forme de terres, leur importance est faible ; sous forme de bâtiments, logements, étables, hangars, installation d'eau, etc., ils peuvent, dans un pays neuf, égaler ou même dépasser la valeur du sol lui-même; ensemble, ils constituent le capital foncier.

Si les capitaux fonciers, sol et bâtiments, servent à assurer l'installation matérielle de l'entreprise agricole, après eux doivent venir les capitaux d'exploitation qui gardent la forme de

(1) Conférence de M. Malet, directeur général de l'Agriculture au Maroc.

valeurs mobilières : bestiaux, machines, approvisionnements en semences, fourrages, etc., ou de fonds de roulement destinés au paiement des salaires, impôts, frais généarux d'entretien, achats divers, et leur importance est supérieure à celle des premiers : elle est comparable à ce qu'elle serait en France dans toute exploitation d'un produit brut annuel égal. Elle dépend seulement de la nature de l'entreprise poursuivie et des proportions qu'on entend lui donner, — en économie rurale on dirait : du système de culture adopté —, ce système de culture restant lui-même subordonné aux conditions locales ou générale, aux débouchés et aux capitaux disponibles.

C'est souvent par le manque de capitaux disponibles que pèchent les entreprises agricoles nouvelles, et les entreprises coloniales plus que les autres, parce qu'on est trop facilement induit à les prévoir trop bas, d'après le prix commercial de la terre, lequel dépend du milieu physique et social et reste, dans une large mesure, indépendant de l'exploitation. Par quelques côtés seulement le prix initial du sol peut être un indice de l'amoindrissement du capital circulant par rapport aux régions où la terre vaut plus cher; par voie de répercussion, en effet, les pays où la terre a une faible valeur marchande sont ceux où les impôts sont les moins élevés — sauf exceptions — et où les salaires surtout sont les plus bas. Cette solidarité est une sorte de loi économique inéluctable, et l'on voit partout ces trois éléments grandir de conserve.

Ces courtes observations démontrent jusqu'à l'évidence qu'il faut être prévoyant et savoir compter quand on s'installe en colon dans un pays nouveau. On peut admettre comme base générale pour le Maroc que, l'installation immobilière préalable non comprise, il faut disposer en plus d'avances à peu près égales aux recettes moyennes annuelles que peut donner l'exploitation agricole, ces avances englobant les dépenses à caractère permanent comme les animaux de trait, les machines, le bétail de spéculation ou d'élevage, soit les capitaux fixes, plus les sommes représentant le roulement de fonds nécessaire à la marche de l'entreprise : frais généraux, entretien, salaires, achat de matières premières qui constituent les capitaux circulants.

En définitive, ces capitaux d'exploitation se décomposeront approximativement de la manière suivante : un dixième pour le mobilier de service de la ferme, deux dixièmes pour le matériel de culture, cinq dixièmes ou la moitié pour le bétail de trait ou de rente — celui-ci restant subordonné, il est vrai, à la nature de l'entreprise —, les deux derniers dixièmes doivent rester disponibles sous forme d'espèces comme fonds de roulement, affectées au fur et à mesure de leur renouvellement par les recettes échelonnées, au paiement des impôts, des salaires, entretien du matériel, assurances Prendre en considération aussi que dans un système de culture exclusif, viticulture, élevage, olivettes, céréales il ne faut pas compter sur sur ce renouvellement des espèces en caisse : les recettes n'arrivent qu'en bloc, au moment des ventes, à moins que l'on n'ait soin d'échelonner ces ventes, ce qui est parfois une complication et parfois un avantage. Au total, cela peut représenter depuis 100 francs au maximum par hectare jusqu'à 400 francs suivant l'intensité du système de culture adopté, la quantité de bétail que l'on peut élever par hectare, les besoins des cultures en main-d'œuvre, la vigne étant par exemple plus exigeante que les céréales. Il est bon d'observer que pour les fermes à céréales ou pour les vignobles, les olivettes, etc., le bétail nécessaire se réduit toujours au bétail de trait.

Il faut, bien entendu, compter à part le capital de réserve, qui ne fait que fortifier la situation du cultivateur, mais qui ne trouve dans la culture qu'un emploi intermittent et qui doit être rémunéré par les spéculations mêmes auxquelles il peut être consacré : achat et entretien de bétail pendant les années de sécheresse par exemple, pour les revendre en hausse une fois la crise liquidée, ce qui est toujours un bonne opération. De même, les capitaux destinés aux améliorations foncières, créant une plus-value pour le domaine et n'agissant qu'indirectement sur le produit brut annuel, ne doivent pas davantage être confondus avec les capitaux d'exploitation. Pour commander aux circonstances et rester maître de sa situation, le cultivateur ne doit pas être à la merci d'une mauvaise récolte ou d'une baisse accidentelle des prix de vente de ses produits.

Enfin, recommandation spéciale pour les grands propriétaires qui confient l'administration de leurs domaines à des régisseurs : les frais de régie, élevés comme il convient suivant l'importance de l'entreprise, viennent toujours en déduction de bénéfice net d'exploitation, non du produit brut; ils sont comparables à l'impôt par exemple et aux frais généraux, auxquels ils s'ajoutent simplement.

Il ne faut pas se dissimuler que, en l'état actuel des voies et communications, de l'oragnisation inachevée des ports, avec un outillage incomplet, de l'élévation des droits de douane et de bien d'autres empêchements secondaires, il serait imprudent de pratiquer la grande culture directe si l'on ne disposait pas de capitaux élevés permettant d'attendre sans trop de difficultés la réalisation des bénéfices. Mais précisément au Maroc, en raison du climat plus favorable, plus régulier qu'en Tunisie et même qu'en Algérie, on peut, en général, compter sur des récoltes constantes, sans toutefois négliger absolument la variabilité des rendements.

Pour l'évaluation des recettes, il ne reste guère à envisager que l'aléa des prix de vente, lesquels dépendent autant des débouchés que des conditions générales de la production. Ce qui revient à dire que c'est l'ensemble du marché universel qu'il faut envisager lorsqu'il s'agit de produits de grande consommation: vins, bétail, huiles, céréales, coton, etc.; mais ces réserves perdent de leur valeur dès que l'on aborde les produits rares et faiblement concurrencés.

Cette question des capitaux disponibles perd de sa gravité lorsque l'entreprise agricole est entre les mains d'une société bien dirigée : si les frais généraux ont alors tendance à s'aggraver, ce qui est difficile à éviter, par contre, il existe normalement des réserves, des fonds de prévoyance, la ressource d'un facile appel au crédit. La société a plus d'aisance dans les mouvements, elle a la possession anticipée de l'avenir, peut-on dire, et la pérennité. Seuls les débuts exigent des précautions minutieuses, des devis soigneuemesnt établis, ni trop larges ni trop mesquins. Les sociétés opèrent d'ailleurs en grand, ce qui permet presque toujours des compensations qui tendent à rétablir l'équilibre en cas d'événements défavorables. La Tunisie, Madagascar, l'Indo-Chine, nos colonies tropicales en font largement l'expérience depuis un quart de siècle; le Maroc a tout à gagner à s'engager dans cette voie.

Pour y réussir, il suffit de trouver de grands espaces pour s'établir; il n'est même pas indispensable de concentrer ses efforts sur les seuls fonds très riches: on peut gagner beaucoup d'argent dans des milieux foncièrement pauvres par la culture extensive, le bétail au pâturage, l'exploitation des forêts, les céréales, etc.; on n'a à se préoccuper dans l'industrie agricole, comme dans toute autre, que du revenu, du profit réalisé par rapport au capital engagé effectivement; la notion du produit brut à l'hectare ne surgit sérieusement que dans les pays vieux surpeuplés où la terre — le capital foncier — a déjà une grande valeur et où, en même temps que les salaires sont élevés, on est obligé de recourir aux fumures intensives.

Les cultivateurs des Etats-Unis, de l'Argentine où la valeur de la terre dépasse à peine celle des terres du Maroc, les éleveurs de moutons dans les Hautes-Alpes, en Algérie, les propriétaires d'olivettes dans la région de Sfax font des bénéfices comparables et même supérieurs à ceux de nos agriculteurs du Nord ou de la Belgique. L'Australie est certainement un pays plus pauvre naturellement que le Maroc. Toujours et partout il faut mesurer le profit au capital et non s'en tenir à l'évaluation du produit brut à l'hectare.

C'est presque un principe en économie rurale que la culture extensive donne des profits plus élevés que la culture intensive: plus explicitement, que l'on place à un taux plus élevé les capitaux dans les régions à culture encore arriérée que dans les pays riches. Il y a évidemment des exceptions à cette règle, quelques-unes bien établies : la vigne, la laiterie, etc., mais ce sont des exceptions. Il n'est que juste d'ajouter que ces profits sont justifiés par plus de hardiesse, plus de risques, une plus grande habileté technique nécessaire, quelquefois une moindre protection, l'abandon forcé des agréments de la vie civilisée, et des difficultés sans cesse renaissantes dont il faut improviser la solution avec des moyens d'action limités, les débouchés sont plus rares, plus insaisissables, les transports parfois sont un obstacle absolu à certaines améliorations, ventes, approvisionnements, les routes, les voies ferrées étant rares, ou même faisant complètement défaut.

IV. — L'Association

On peut encore consacrer des capitaux à la culture au Maroc par des voies indirectes. Le colon moyen ne se contente généralement pas de l'exploitation de sa propriété, et, pour étendre son champ d'action, il pratique avec ses voisins indigènes la *culture en association*. Ce contrat, assez répandu au Maroc comme en Tunisie, est d'ailleurs utilisé par maints Européens non propriétaires, mais résidant dans un centre rural, où ils s'occupent quelquefois simultanément de commerce.

L'association avec l'indigène, qui permet aux colons de n'engager qu'un capital restreint, est susceptible de lui procurer d'intéressants bénéfices, à condition, bien entendu, qu'il surveille étroitement ses associés. D'autre part, ce système d'exploitation permet de gagner la confiance des indigènes, de les étudier, de se renseigner à loisir sur les terres à vendre et de ne traiter les achats qu'en connaissance de cause : c'est une excellente méthode, quoique plus lente que l'achat immédiat, pour préparer de grandes spéculations assurées du succès.

Les modalités des contrats d'association, bien que fort variables suivant les régions et les traditions locales, reposent sur les principes suivants : l'apport du terrain est considéré comme donnant droit au cinquième de la récolte : celui qui fournit la main-d'œuvre prélève également le cinquième; celui qui procure les animaux et le matériel de culture a aussi droit au cinquième; enfin, celui qui avance les semences prend les deux cinquièmes : ces différentes interventions sont cumulées généralement sur la tête de deux intéressés seulement, le capitaliste bailleur de fonds et le khammès cultivateur.

C'est le contrat de *khamessa* avec toutes les combinaisons qui peuvent en découler sur ces bases, l'Européen capitaliste faisant les avances de capitaux pour faire vivre l'indigène, et des semences, et l'indigène, le *khammès*, possédant la plupart du temps les animaux et les instruments de labour qui doivent lui permettre d'assurer les travaux de l'ensemencement et de la moisson. Il existe, il est vrai, des combinaisons très variables d'association pour les cultures d'automne ou de printemps, qui sont toujours, en principe, contractées pour une seule année.

L'Etat lui-même utilise ces contrats — ou d'analogues — pour l'exploitation des biens maghzen. A Fès, pour faire passer les biens du domaine entre les mains des cultivateurs, il utilise le *shema*, sorte de colonage partiaire dans lequel l'Etat ne fournit que le terrain, le colon est pourvu de tout son outillage et apporte lui-même les semences : le prix de la location est alors du tiers de la récolte en terres irriguées (*scouya*) et le quart en terres non irrigables (*bour*) propres surtout aux céréales. Les accords s'établissent par contrat de gré à gré, ou par la location aux enchères publiques en cas de nécessité.

Les avances d'argent aux khammès (appelés aussi mokalets en Chaouia) sont constatées par écrit devant le cadi et l'adoul (notaire).

Ce n'est guère qu'avec leur concours que l'on peut se constituer graduellement une propriété. On peut faire avec des actes d'adouls des prêts sur récoltes pendantes; l'indigène, toujours imprévoyant, se trouve chaque année avoir besoin, vers mars, d'argent pour attendre la récolte; il demande alors 100 douros et plus (environ 500 francs), qu'il s'engage à rembourser en récolte à un prix convenu, généralement inférieur aux cours réguliers. Cette opération, loyalement faite, est louable et profitable, mais elle peut facilement ouvrir la voie à la fraude, à l'usure pour le prêteur, à la mauvaise foi pour l'emprunteur; elle est d'ailleurs courante, mais elle exige de la minutie et de l'honnêteté réciproques; les cadis sont très au courant de ces contrats et rendent facilement la justice lorsque des contestations surgissent et sont portées devant eux au règlement des comptes.

Toutefois une observation s'impose ici : pour beaucoup, il semble que l'associé doive s'endetter pendant la durée de son contrat au point de ne pouvoir se libérer en fin d'exercice envers son créancier; c'est un mauvais calcul de principe : au lieu d'une collaboration fructueuse pour tous deux, qui crée la solidarité et des sympathies réciproques, on sème la discorde et l'animosité qui, en quelques années, se retourneront contre les capitalistes eux-mêmes.

Voici, d'autre part, quelques précisions concernant les modalités de l'association en pays Zaër, qui est berbère et non arabe au sud-est de Rabat (1):

A. — Le cultivateur apporte le terrain, la main-d'œuvre et la charrue, ou les charrues; le capitaliste fournit la semence. La récolte se partage par parts égales.

B. — Le capitaliste fournit le terrain, les charrues et la semence; le cultivateur (*mokâta*), simple ouvrier agricole, ne fournit que sa main-d'œuvre;: il sème le blé et l'orge et assure la moisson; il a droit au cinquième de la récolte.

C. — Le propriétaire confie son terrain à un cultivateur qui dispose des animaux, des charrues et des semences; le partage se fait sur les mêmes bases renversées : le propriétaire a un cinquième de la récolte pour sa part, et le cultivateur prélève les quatre cinquièmes.

L'unité de suface et de travail envisagée dans ces contrats est la charrue (*dzouja*) qui correspond sensiblement à la mechia tunisienne, soit 11 hectares 80, sur laquelle on sème 945 kg. de blé, à raison de 80 kilog. à l'hectare. Ces bases sont celles des labours à deux chevaux, qui ensemencent 3 tellis de blé de 315 kg. dans la saison.

Mais, une charrue de mulets ensemence 2 tellis 1/2 seule-

(1) Communiqués par M. Dardoize, colon au Maroc.

ment, une charrue de bœufs sème 2 tellis, et une charrue d'ânes 1 tellis. S'il s'agit de chameaux, on remonte à 3 tellis, aux mêmes chiffres que pour les chevaux. Les sufaces ensemencées en blé ou en orge dépendent évidemment du travail effectif des animaux attelés.

Le cultivateur coupe toujours les épis au sommet de la tige, suivant la coutume indigène.

Les terres sont melk ou kebila (la terre kebila, c'est la terre de tribu dite sabega ou arch en Algérie).

En pays berbère, il n'y a pas de cadi, pas d'acte, pas de moulkya. Ce sont les *kbar* (anciens) qui forment le conseil, la djemaa, qui tranchent les différends et qui jugent non pas selon la loi musulmane, mais suivant leurs coutumes.

Le contrat d'association peut encore être avantageusement pratiqué en matière d'élevage pour l'exploitation des moutons et aussi des porcs.

On peut confier à des indigènes bien choisis des troupeaux de 200 moutons par associé; l'indigène qui les mène au pâturage se charge de tous les frais et reçoit comme rétribution le quart des agneaux qui naissent. Il faut compter 7 à 8% de mortalité dans le troupeau, 85 % de l'effectif total comme chiffre de naissances, sur lesquelles un dixième meurt avant d'atteindre le marché: le résultat à prévoir est donc la valeur de 155 à 160 agneaux d'un an, disponibles pour la vente au cours du marché ou pour d'autres spéculations ultérieures, et sur lesquels l'associé a droit à une quarantaine d'animaux ou au quart de la valeur en monnaie, ce qu'il préfèrera le plus souvent. Cette spéculation est facile: les terrains de parcours sont très abondants au Maroc.

Pour les cochons, une spéculation analogue est possible, mais elle est plus complexe; elle a d'ailleurs depuis longtemps fait ses preuves en Algérie, dans la région de Bône, et en Kroumirie pour ne citer que celles-là. Il s'agit d'une sorte de cheptel de bétail avec une forme simple (1). On traite avec des porchers

---

(1) Je dois les détails donnés ici à M. Debonno, dont la compétence est bien connue.

espagnols, habitués à cette spéculation, qui reçoivent pour leur part 150 francs par mois d'appointements fixes, plus 10 % dans les bénéfices. La location d'un pacage dans les forêts du maghzen coûte 4 pesetas hassani (3 fr. 20) par an et par tête mise en forêt. Les petits qui naissent paient aussi la taxe après sevrage, à 6 mois. Les animaux sont marqués à l'oreille et parqués tous les soirs dans un enclos où ils passent la nuit. Il faut 50 truies suitées, qui s'accroissent de leurs petits, pour peupler 500 hectares, à condition qu'il y ait de l'eau pour boire et se vautrer, soit un prix d'achat de 5.000 francs. La surveillance exige deux gardiens à 2 p. h. par jour, soit 120 p. h. ou 84 fr. par mois. Les porcelets reçoivent du son et les mères une ration complémentaire en grains (orge) pendant les quatre derniers mois de l'opération, soit 20 francs.

En deux ans, les truies peuvent porter cinq fois, mais pour corriger les pertes possibles, on ne doit compter que quatre portées de cinq petits, qui atteignent le poids de 100 kilog. à un an; elles sont réformées à cinq ans.

Les races qui conviennent le mieux — c'est une question de groin pour fouiller le sol — sont les truies du pays, que l'on croise avec des verrats craonnais. Et le bétail ainsi obtenu se vend couramment 1 fr. 30 ou 1 fr. 40 le kilo, poids vif.

Cette spéculation donne des profits très élevés, jusqu'à cinq et six fois le capital engagé. Mais elle est forcément limitée aux régions où le parcours est possible; quand la propriété se morcelle, elle devient impraticable. Au fur et à mesure que la colonisation avance, le parcours se restreint, les porcs ravagent les cultures au point de les rendre impossibles ; il faut alors les supprimer.

V. — L'Outillage et la Main-d'œuvre

L'outillage dans une grande ferme, instruments de culture et de récolte, matériel de battage et charrettes peut représenter à peu près 100 francs par hectare cultivé, en comptant largement, au moment de l'installation.

A noter, en outre, qu'il est de l'intérêt des grands propriétaires, aussi bien que de tous ceux qui recourent aux contrats d'association, de mettre à la disposition de leurs associés des instruments de culture moderne, charrues polysocs, semoirs, moissonneuses-lieuses, espicadoras, batteuses; ils y gagnent en rapidité, meilleurs rendements du travail et en résultats plus avantageux. Ce qui ne veut pas dire que la charrue arabe doit être délaissée immédiatement ; celle-ci reste très utile pour labourer lorsque les polysocs ne peuvent encore passer — notamment à la suite de grandes pluies, alors qu'il importe de labourer très rapidement.

D'ailleurs, un résumé d'ensemble est vite tracé en matière d'outillage agricole. Pour la préparation des terres, la charrue polysoc a de grandes chances d'occuper exclusivement le marché, car la période de labour est très restreinte, environ un mois, et il est nécessaire, par conséquent, d'employer des machines faisant un travail très rapide, même s'il n'est pas parfait. Par suite, la brabant ne semble guère devoir réussir, parce qu'elle est lourde et convient surtout pour les labours profonds. L'araire pas davantage parce qu'il n'est guère moins lourd et ne travaillerait pas dans de bonnes conditions, de suite après les pluies de novembre et décembre. Le colon européen préfère, dans ce cas, employer autant de charrues arabes qu'il lui en faut, et, aussitôt que l'état du sol le lui permet, employer ses charrues polysocss.

Les herses sont généralement des herses articulées ou encore des herses genre Howard.

Les semoirs en ligne se répandent rapidement, et il est très probable que leur avenir est assuré dans les grandes plaines de la Chaouia, des Doukkala, des Abda, et même dans le Sous.

Les rouleaux employés sont généralement des rouleaux plombeurs en fonte, à cylindres lisses; les terres ne sont pas assez fortes pour nécessiter l'emploi des rouleaux à disques.

Des instruments de récolte, la moissonneuse-lieuse est la plus utilisée. Il ne faut pas de moissonneuses trop lourdes, car les bêtes de trait n'ont pas la puissance de traction des bêtes françaises. Les faucheuses sont encore peu employées, mais leur usage se développera rapidement quand on mettra en valeur les prairies en bordure du Sebou, et ailleurs.

Les locomobiles adoptées dans le pays sont de deux types : à pétrole ou à vapeur ; ces dernières semblent plus indiqueés pour les travaux agricoles que les premières, à cause de leur résistance, leur facilité d'entretien et leur longue durée; toutefois, la cherté du charbon, — qui peut persister quelques années encore — peut rester un sujet de préoccupations qui porterait à s'en tenir aux machines à pétrole jusqu'à ce que l'approvisionnement facile en combustible soit assuré.

Les batteuses sont aussi très employées. Les presses à paille se répandent de plus en plus, car les indigènes qui brûlaient précédemment leurs chaumes sont sollicités par le Service de l'Intendance pour la fourniture de ce produit, et c'est un excellent stimulant; les trois types à manège, à mains, à machine sont utilisés.

Cette expansion de l'outillage agricole perfectionné ne peut avoir que des conséquences heureuses : simplification et productivité du travail, et économie.

Une constatation, qui est en quelque sorte un aveu, est à ajouter encore. La grande propriété étale volontiers un outillage puissant qui frappe les yeux: elle y met son orgueil. En Tunisie, en Algérie, je l'ai constaté maintes fois, et j'avoue que ce n'est pas un spectacle banal celui que j'ai pu voir un jour, de 76 charrues labourant parallèlement, et en même temps, dans une plaine sans limites. Tant qu'il ne tourne pas au gaspillage, le luxe de l'outillage donne de la sécurité dans le travail d'une exploitation, mais il ne faut pas aller au delà de cet objectif bien compris.

Mais, par dessus tout, la culture européenne est un excellent exemple, un puissant stimulant pour la culture indigène. En 1912, on trouvait déjà, en Algérie, 8.800 charrues européennes dans les fermes indigènes, alors qu'en 1890 on n'en dénombrait guère qu'une centaine. Et c'est au voisinage des fermes françaises qu'on les trouve, mais surtout pour la plus grosse part, les 7/8, en Kabylie peuplée par les mêmes Berbères que l'on trouve au Maroc. L'indigène n'est pas rebelle au progrès ; il demande à être convaincu seulement que son intérêt est là, dans la transformation de son outillage. « Le Maroc est très progressiste », m'écrit un colon très au courant des mœurs et de la mentalité indigène. C'est surtout vrai des jeunes, plus épris de nouveautés, moins enlisés dans leurs habitudes routinières, et nombreux sont déjà ceux qui demandent à employer la charrue à versoir.

Cette digression sur l'outillage agricole présente un intérêt général, à quelque point de vue que l'on se place, dans la grande comme dans la petite exploitation. Dans les grandes fermes qui vont s'organiser dans les belles régions de la Chaouia, des Doukkala, du Maroc oriental et du Gharb, où seule la grande propriété pourra apporter et mettre en œuvre des capitaux abondants, on entrevoit déjà l'emploi des instruments de culture automoteurs, désormais à l'étude pour la mise au point définitive, le labourage mécanique, le hersage, l'épandage des engrais, etc. Et ne sera-ce même pas une nécessité à bref délai pour le monde européen ? pour tant de pays où des millions de bras auront disparu comme conséquence de l'épouvantable agression allemande ? Peut-être est-ce une raison de plus pour prévoir la rareté de la main-d'œuvre: en nombre croissant chaque année les travailleurs indigènes s'expatrient et vont volontiers en France chercher un travail rémunérateur, qu'ils trouvent de plus en plus facilement dans nos ports, sur les quais, dans nos usines, et qu'ils ne tarderont sans doute pas à chercher aussi même dans nos fermes comme les Espagnols. Toutefois, de longtemps ce ne sera pas une question angoissante au Maroc.

Il faudra toujours évidemment se préoccuper de la main-d'œuvre habile, faire venir des contremaîtres, des régisseurs, des tailleurs de vignes, des mécaniciens de France, mais du moins avec de bons cadres on peut prévoir que, comme dans nos colonies voisines, l'appât du gain restera comme un stimulant suffisant pour que les travailleurs de la terre arrivent toujours assez nombreux. Il y aura fréquemment lieu de fixer des équipes sur la ferme, en leur assurant un logement, des approvisionements faciles, je l'ai déjà dit, mais ceci ne présente que des difficultés secondaires. Et, au total, les prix de la main-d'œuvre agricole ne seront pas de longtemps un obstacle sérieux pour les entreprises agricoles.

CHAPITRE VI

LA PRODUCTION AGRICOLE

I. — Statistique

Le Maroc est un pays exclusivement agricole ; l'industrie n'existe pas encore — pas même pour satisfaire aux besoins locaux: cette situation est appelée à se modifier dans quelques années, mais elle reste vraie pour le présent. On a pu faire remarquer avec justesse que sur une exportation totale de 43.400.000 francs, moyenne des années 1910, 1911, 1912 et 1913, les produits agricoles figuraient à eux seuls pour 42.700.000 francs, et que l'excédent était à peu près uniquement représenté par les babouches dont l'élément principal, le cuir, est tiré de l'élevage marocain, ce qui, d'ailleurs, ne fait que mieux accuser son caractère d'industrie d'exportation.

En y comprenant le Maroc oriental, la surface totale des cultures annuelles dans l'Empire chérifien ne couvre pas plus de 2 millions d'hectares. Mais pour avoir la surface du territoire agricole entier, il faut y ajouter — sans base statistique solide — les surfaces qui, sous le régime de l'alternance des soles culturales, restent en jachères une année sur deux, deux, trois, quatre ans sur cinq, utilisées généralement alors par le pâturage des animaux, et aussi les terres de simple parcours qui ne reçoivent jamais la charrue, et la totalité presque de ces surfaces est territoire agricole et pourra avec le temps porter régulièrement des récoltes. La seule objection qui subsiste pour l'avenir est celle-ci : Même avec la paix et les capitaux, la population sera-t-elle suffisante ? le pays fournira-t-il la main-d'œuvre nécessaire pour mettre en valeur ces 10 millions d'hectares disponibles ?

Le sol forestier déjà reconnu et classé dépasse dès maintenant 500.000 hectares.

Toutes réserves faites, toutes compensations nécessaires calculées largement, on ne risque aucune erreur d'appréciation en affirmant que, sous le stimulant de la France et de l'intérêt personnel en jeu, avant dix ans la production agricole du Maroc pourra et devra s'élever au double de ce qu'elle est aujourd'hui.

Voici d'abord les chiffres des surfaces en cultures annuelles enregistrées par le tertib pour les deux dernières campagnes dans le Maroc occidental :

	1914-1915	1915-1916
	—	—
Blé	564.802	599.210
Orge	700.815	805.556
Avoine	1.609	1.804
Maïs	229.151	143.787
Sorgho	23.874	73.010
Mil et aspiste	3.510	9.646
Pois chiches	16.380	21.192
Lentilles	»	740
Fèves	28.756	37.112
Lin	4.870	3.278
Fenugrec	1.715	1.140
Coriandre	707	1.020
Cumin, carvi	»	1.682
Henné	271	224
Cultures maraîchères	1.338	2.420
Cultures fourragères	325	166

Quelques produits spontanés, des gommes diverses en assez grande quantité, l'arganier, le ricin sont également exploités, mais il est difficile de dénombrer les surfaces qu'ils occupent bien que les produits qu'ils fournissent figurent pour des valeurs appréciables dans le commerce.

Si l'influence européenne peut laisser escompter une large amélioration dans la qualité et la quantité des produits directs du sol, c'est bien plus à l'égard de l'élevage que cette influence peut se faire sentir, et son action s'y traduira en résultats aussi importants que rapides.

La progression du cheptel marocain a été notable en ces dernières années, et elle ne peut que s'accentuer encore. Il est à noter que le tertib n'atteint pas les animaux en bas âge et que, par conséquent, les relevés fournis sont bien inférieurs aux effectifs réellement existants. Voici les plus récentes statistiques :

	1915	1916
	—	—
Chameaux	81.392	84.118
Chevaux	139.164	96.544
Mulets		42.420
Anes...........	255.628	250.869
Bovins	692.863	877.640
Ovins	3.682.883	4.715.371
Porcs	15.955	39.116
Chèvres	1.259.293	1.511.004

On peut attribuer une part de l'augmentation de ces effectifs en bœufs, moutons et chèvres à la meilleure méthode du recensement pour le tertib, que je signale précédemment, et une autre part à l'accroissement réel du troupeau. Pour les porcins, bien que l'on soit en pays musulman, le progrès enregistré est magnifique. Et dans tous les cas, ces chiffres ascensionnels permettent d'augurer que le Maroc marche à grands pas vers une exploitation plus rationnelle de son bétail non seulement au point de vue de ses propres besoins, mais aussi en vue de l'exportation. Pourra-t-on doubler ces chiffres quand la matière imposable sera mieux connue? Peut-être. Les possibilités atteindront de gros chiffres indubitablement : 10 à 12 millions pour les moutons et bien près de 2 millions pour les bœufs.

Il est intéressant aussi de donner avec quelque précision la répartition du troupeau ovin par régions, car c'est sur lui que doit dans l'avenir se porter le principal effort du protectorat :

Régions ou cercles	Effectifs
Fès	528.244
Meknès	154.380
Rabat	950.669
Casablanca	794.545
Marrakech	578.974
Tadla-Zaian	525.912
Doukkala	286.062
Abda	188.454
Haha-Chiadma	43.648
Maroc oriental	664.483

Les chameaux sont surtout dans l'arrière-pays, les régions au pied des montagnes, et les régions désertiques; ils restent complètement étrangers aux spéculations entreprises par les Européens. Ils sont d'ailleurs peu nombreux. Mais leur rôle n'est pas fini. Tant que les routes et les chemins de fer ne seront pas convenablement ramifiés, ils garderont leur valeur comme moyens de transports à grande distance, malgré les automobiles, à cause de leur facilité d'entretien et de leur sobriété, et même comme animal de ferme pour labourer, tourner les norias, porter le bois ramassé dans la brousse, etc. Sous plusieurs aspects, le chameau ressemble à l'âne, et rend les mêmes services que lui, tout en étant plus fort et à peine plus exigeant pour son entretien.

Le Maroc étant une colonie encore traitée comme territoire étranger, tant aux importations qu'aux exportations, par suite de nos engagements internationaux qui datent d'Algésiras, l'expansion des cultures est gênée par la douane: spécialement les cultures maraîchères et fruitières, la viticulture, qui auraient tôt fait d'attacher à leur prospérité des Espagnols, des Provençaux, des Languedociens, sans parler des grandes cultures de céréales, de l'élevage, qui conviennent à la grande colonisation par les capitaux surtout, qui ne reçoivent aucun encouragement et qui doivent se développer sous la loi de la concurrence générale, d'où une certaine lenteur dans le progrès des entreprises agricoles.

II. — Les Cultures annuelles

Le blé, la céréale noble de la France, ne vient qu'au second rang au Maroc, après l'orge, 600.000 hectares lui sont consacrés chaque année, mais depuis la guerre, l'Intendance seule a acheté et exporté les 300.000 quintaux disponibles pour la vente à l'extérieur — ce qui explique son absence à la rubrique du Commerce (Ch. II, § V).

Les régions de tirs du Maroc atlantique et du Maroc oriental font le plus de blé et obtiennent des rendements de 7 à 15 quintaux en moyenne. Traditionnellement, de même qu'en Algérie, on ne cultive que le blé dur, riche en gluten, qui donne un pain nourrissant, au grain plus allongé que le blé tendre, à la cassure cornée, d'aspect vitreux, et qui est très recherché par la minoterie marseillaise pour les pâtes alimentaires. Mais déjà on a introduit le blé tendre ou blé colon barbu d'Algérie qui craint moins le brouillard que le blé sans barbes au moment de la floraison. Au Maroc oriental, dans la plaine des Triffa, une seconde Mitidja, on ne cultive presque exclusivement que le blé tendre, dont les rendements paraissent être un peu supérieurs à ceux du blé dur. Le blé tendre, employé surtout pour la fabrication du pain pour les Européens, a déjà diminué les besoins d'importation de farine de France et d'Algérie au Maroc.

L'orge est la céréale de prédilection de l'Afrique du Nord ; les indigènes la consomment quelque peu pour leur nourriture, et elle échauffe moins que l'avoine les chevaux auxquels on la donne habituellement; en outre, elle convient encore dans des terres moins riches que celles que l'on réserve au blé. La qualité est à peu près la même dans tout le Maroc : toujours très belle; cependant jusqu'ici les orges des Haha-Chiadma et des Abda — régions du Sud — ont été généralement préférées en Europe, parce que plus blondes et convenant mieux à la distillerie et à la brasserie. Il faudrait habituer les indigènes à rentrer leurs récoltes dès la maturité ou lieu de les laisser exposées aux averses et à l'humidité, qui les brunissent un peu.

L'avoine a été introduite par les Français au Maroc, comme elle l'a été antérieurement en Tunisie, et même en Algérie. Elle est encore rare, et c'est dans le voisinage des villes où il y a le plus d'Européens qu'on commence à la trouver. Elle semble appelée à se répandre rapidement parce qu'elle s'accommode de sols pauvres et qu'elle procure souvent des recettes supérieures à celles de l'orge.

Le maïs est assez généralement cultivé sur le littoral atlantique, en terre sèche, grâce aux rosées et aux brouillards quotidiens suffisants pour assurer une bonne végétation, alors que dans les autres régions on n'obtient de récolte que grâce à l'irrigation. Il serait très avantageux de faire des maïs-fourrages semés très serrés pour obtenir des tiges fines. On s'assurerait ainsi un excellent fourrage vert ou ensilé constituant alors une réserve précieuse.

Après le maïs, le sorgho tient une place honorable dans les cultures comme dans la consommation en fourrages, sans caractères dominants qui l'imposent — sauf dans quelques milieux très limités.

Les pois chiches et les fèves ont, au point de vue cultural, le privilège d'enrichir le sol en azote, ainsi que les féverolles. Les indigènes ont eux-mêmes constaté depuis longtemps que les blés qui les suivent dans les champs qu'on leur a consacrés sont beaucoup plus beaux que ceux venus après jachère. Ces cultures fournissent une large part de leurs récoltes à l'exportation sur l'Espagne. Elles conviennent très bien aux sols argilo-calcaires, mais les rendements en grains sont faibles par suite du manque d'acide phosphorique dans le sol.

Le lin est cultivé pour la graine : c'est une culture épuisante qu'il faut réserver pour les meilleurs fonds. La rareté de l'eau constitue une grande difficulté pour le rouissage des tiges dans la préparation de la filasse. Les indigènes seuls peuvent s'y adonner, et il ne présente jusqu'ici que peu d'intérêt en culture directe.

Le fenugrec ou holba, la coriandre, le cumin, le carvi, l'alpiste sont aussi cultivés en petites parcelles par les indigènes; l'exportation en prend la plus grosse part. Le fenugrec convient bien aux bœufs de travail, quoique ce soit un fourrage médiocre.

D'autres cultures ont un avenir certain, mais il appartient aux colons d'apprécier dans quelle mesure ils peuvent et doivent s'y livrer, soit en jugeant des aptitudes agricoles de leur sol, soit en raison du régime économique : l'arachide par exemple qui a été essayée au Maroc oriental, le géranium importé de la Mitidja, où il donne des profits élevés dans la plaine des Triffa, la canne à sucre, probablement la source de la future mise en valeur du Sous, le ricin, culture d'exportation qui a devant elle un large champ d'expansion, et enfin, le henné de consommation courante au Maroc, mais que l'on y produit insuffisamment car on l'importe encore en quantités notables.

Je ne mentionne le tabac que pour être complet dans l'énumération des possibilités, et qui viendrait très bien. Le traité qui lie le Maghzen à la Régie cointéressée interdit aux particuliers la culture de cette plante.

Quant aux cultures fourragères, pour peu qu'on puisse les irriguer, elles sont toutes assurées du plus grand succès; foins, vesces, luzernes surtout, betteraves peuvent et doivent donner des ressources énormes pour l'élevage; mais tentées à peine par quelques colons européens, elles restent jusqu'à présent confinées dans le domaine des possibilités futures.

Les indigènes ne cultivent pour leur bétail aucune plante fourragère. Ils se contentent de faire paître leurs animaux, l'hiver dans les terres de parcours plus ou moins favorisées par les pluies, et l'été sur les chaumes des céréales laissés après la moisson. Et alors c'est une ressource considérable dont il faut faire état, mais fort mal utilisée.

En effet, les indigènes coupent les céréales non au bas de la tige, mais à hauteur de l'épi, avec une petite faucille laissant tout le chaume sur pied — c'est le régime de presque toutes les populations de l'Afrique du Nord. Il reste donc dans le champ toute la paille presque, qui fournit un pâturage abondant. Mais si un orage survient, tout est perdu avant que les animaux aient pu l'utiliser. Le battage à la machine des épis courts est difficile et presque impossible; il faut recourir au fléau ou au pied des animaux. Et, dans tous les cas, on n'a aucune réserve pour l'hiver. Or, sous ces climats ensoleillés, l'absence de pluie c'est la disparition absolue de tout tapis de verdure utilisable par les animaux: il ne reste que des plantes sans valeur ou ligneuses, l'asphodèle, l'alfa, ou malsaines ou dangereuses. Un immense progrès serait donc réalisé si l'on dressait les indigènes à faucher les céréales à la faux ou à la faucheuse et à emmagasiner, tout au moins à emmeuler, la paille pour la conserver et la distribuer aux animaux à la main, à mesure des besoins.

La création des prairies naturelles ou permanentes sera facile partout où l'irrigation est possible; celles non-irriguées permettraient le pâturage libre des animaux d'élevage, mais en raison de la sécheresse normale de l'été, elles ne semblent pas pratiques. Le problème reste toujours le même: faire des réserves fourragères et les consommer en sec; les fourrages verts ne pourront être assurés que par l'ensilage des maïs, sorghos, luzernes, betteraves et autres produits divers ramassés avant la fin de la saison chaude : avoine, fromental, composées et graminées diverses, ajoncs, etc.

La betterave fraîche ou ensilée serait un excellent fourrage, très nutritif, permettant de constituer de précieuses réserves. Elle s'est déjà bien répandue chez les colons du Maroc oriental, mais elle réclame un sol frais ou irrigué.

A côté des produits énumérés comme cultivés en grand, il faudrait signaler la culture des jardins fruitiers et maraîchers, soit 30 ou 35.000 hectares, dont l'importance dépend de la quantité d'eau disponible et aménagée pour l'irrigation, mais la presque totalité de ces surfaces est consacrée aux arbres fruitiers, au chanvre, au raisin de table, au palmier (les dattes sont de qualité médiocre) et même au pyrèthre insecticide. On trouve ces jardins à Meknès, à Marrakech et à Fés. Les cultures légumières y sont plutôt rares.

Ce sont les Européens qui ont introduit les légumes et les fruits d'Europe. La pomme de terre au Maroc, comme en Algérie et en Tunisie, est peu cultivée par les indigènes: à peine peut-on en signaler quelques petits champs plantés par eux et où les rendements sont faibles. Les Européens ont tenté la culture en grand des produits maraîchers et de la pomme de terre dans les régions de Fés, Casablanca et Rabat surtout (2420 hectares). Les terres légères du Sahel du littoral leur conviennent parfaitement, mais la maladie de la pomme de terre (*peronospora*) et les gelées blanches de février-mars, même au bord de la mer, sont des obstacles sérieux qui découragent parfois les tentatives les plus sérieuses.

A Dar-Debibagh, près de Fés, le domaine a affermé, en 1916, onze lots de 3 hectares irrigués, pour 6 ans, au prix moyen de 294 p. h. par hectare, précisément en vue de la culture de la pomme de terre et des légumes maraîchers divers.

C'est une des nombreuses questions qui restent à étudier et à solutionner.

Je ne puis que mentionner en passant deux fléaux normaux au Maroc, comme dans toute l'Afrique du Nord : les insectes parasites divers sévissent assez fréquemment sur les cultures; les fèves sont assez régulièrement envahies, quand le printemps est sec, par le puceron noir qui diminue beaucoup la récolte, — et surtout les sauterelles.

L'invasion des acridiens est malheureusement fréquente en mai-juin de chaque année. Il faut des kilomètres de barrages pour en arrêter les ravages et du personnel disponible. Par tout le pays, il faut songer à une organisation d'ensemble — plus ou moins calquée sur les services météorologiques — pour surveiller les pontes, les vols des insectes ailés et pouvoir se tenir prêt à la défense au moment où les éclosions se produisent. C'est la rançon des récoltes exceptionnelles, et il faut en faire état dans les prévisions sans en exagérer les conséquences.

III. — La Viticulture

La vigne au Maroc! On importe au Maroc annuellement 1200 à 1500 mille francs de vin (1913-1915), qui, sauf les vins de Champagne, viennent à peu près exclusivement d'Espagne et du Portugal. La colonie européenne qui boit du vin normalement s'élève en chiffres ronds à 50.000 habitants — il faut y joindre les juifs non dénombrés et l'armée. Tout compris, cela doit correspondre à une consommation de vins de table de 200.000 hectolitres environ.

Mais, en France, on a peur de la vigne au Maroc. Le Maroc est encore pays étranger, et on ne veut pas le laisser arriver sur le marché français.

Ne pouvant revenir sur les droits acquis par l'Algérie par un demi-siècle de viticulture, dans laquelle elle a trouvé les sources d'une fortune inespérée, ni sur la tolérance avarement concédée à la Tunisie, on se rejette sur le Maghreb, en ayant bien soin de proclamer bien haut qu'il ne faut plus retomber dans les mêmes errements. Le rapport de M. Barthe, député de l'Hérault (N° 160-1914), la proposition de loi déposée à la Chambre le 20 décembre 1911 et le projet du Gouvernement du 28 novembre 1913, les votes de la Société des Viticulteurs de France, et ceux non moins décisifs de la Confédération générale des Vignerons sont d'accord et unanimes sur ce point. Il est donc difficile de lutter contre ce mouvement, et je suis tenu ici, pour défendre le vignoble marocain, présent ou futur, de plaider les circonstances atténuantes. La logique des faits éclaire mieux la question que tous les partis-pris. Demain on pourrait recommencer la même opposition à propos du blé.

Tout d'abord, une constatation élémentaire doit être mise en ligne de compte lorsqu'il s'agit d'étudier l'extension des vignobles, c'est que les seules populations qui cultivent la vigne sont consommatrices du vin (exception faite de quelques vins de marque ou de liqueur). Il y a dans ce fait une loi et un rapport mathématique que l'on ne peut négliger et qui ne pourra subir de modifications sérieuses qu'avec le temps qui apportera des transformations dans les intérêts en rivalité, des changements de mœurs, qui seront lents à se produire.

Les indigènes ne boivent pas de vin ; mais, comme je l'ai constaté ici, et mieux en Algérie, beaucoup se montrent déjà moins respectueux des préceptes de Mahomet sur l'abstinence des boissons fermentées. Le prophète, nous ne pouvons l'invoquer pour ou contre le vin, qu'en prenant parti dans cette grave question en jeu : la liberté de conscience.

Il y a une zone immense, du nord au sud du Maroc occidental et une autre considérable dans le Maroc oriental, dont le sol et le climat conviennent admirablement à la vigne. Les brouillards et l'humidité du littoral, bien connus, seront peut-être une cause puissante de propagation des maladies cryptogamiques, et du Mildiou en particulier, — jusquici la preuve n'en est pas faite. Des spécialistes éminents et autorisés m'ont affirmé, sans expérience précise il est vrai, que la chaleur sèche de la journée détruit les effets nocifs de l'humidité du matin.

Si le Phylloxéra, l'Oïdium, le Mildiou ne sont pas encore connus, cela ne signifie pas sûrement que lorsque le vignoble aurait acquis une certaine étendue il resterait toujours indemne; l'exemple de l'Algérie et de la Tunisie prouve le contraire.

Est-il à propos de faire remarquer que la grave crise de la mévente de 1900 à 1910 a atteint le vignoble algérien comme le vignoble métropolitain et que les bonnes années sont revenues pour l'un comme pour l'autre, quand on a eu supprimé les fraudes et les vins artificiels ?

En somme, l'avenir du vignoble marocain ne se présente pas autrement que dans la colonie voisine. Qu'on l'envisage au point de vue économique ou au point de vue physique, la situation est très comparable.

Jusqu'ici on n'a que fort peu planté la vigne au Maroc, — la vigne pour raisins de table, des indigènes, ne comptant pas, — soit 250 hectares entre les Doukkala, laChaouia, le Gharb et 200 pour le Maroc oriental. La question est maintenant celle-ci: Ne peut-on prévoir l'extension de ce vignoble? Beaucoup de bonnes raisons peuvent être invoquées en sa faveur, sans même faire intervenir la concurrence faite à la métropole. Un très grand vignoble, équivalent à celui de l'Algérie, ne serait évidemment pas rationnel au Maroc, et il ne le sera pas de longtemps. Le vignoble algérien n'atteint pas 100.000 hectares et sa création n'a pas demandé moins de cinquante ans. On ne peut guère escompter ici un semblable essor, surtout alors que les débouchés pour les vins ne sont pas mieux assurés, et qu'il y a lieu de prévoir un nouveau concurrent de grande envergure : l'Argentine, dont le vignoble rapidement accru — par les Français et les Italiens dans les provinces de San Juan, de Mendoza et de San Rafaël en ces dernières années, — est en pleine crise par manque de débouchés depuis trois ans.

Et l'Argentine, l'Italie, la Grèce ou l'Espagne sont pays étrangers qui ne peuvent bénéficier que du tarif général. Quant aux vins marocains, si jamais ils se présentaient à la douane française, ils se verraient appliquer le tarif minimum encore très élevé, prévu au numéro 171 de la loi de 1892.

Cependant, dans des proportions modestes, à une allure modérée, on doit espérer beaucoup de la création d'un vignoble marocain bien adapté au milieu. Argument de principe: le pays peut librement s'adonner à toutes les cultures qui lui conviennent; argument de fait d'ordre économique: le débouché existe dès maintenant: c'est la population locale, d'origine française et espagnole, qui s'accroît tous les jours, qui boit du vin, et est actuellement obligée de l'importer d'Espagne ou de Portugal. Mais, par dessus tout, le Maroc est une colonie qui doit chercher dans toutes les voies possibles des éléments de mise en valeur : la viticulture lui attirera des colons des pays de vignobles, des capitalistes hardis qui appelleront à leur tour des régisseurs, des tailleurs de vignes, des maîtres de chais, qui auront à planter quelques milliers d'hectares, à construire des celliers, à les pourvoir de foudres, de pressoirs, etc., qui procureront parallèlement ensuite des éléments de trafic au réseau des voies ferrées en création. Il y a là, on n'en peut douter, tout un ensemble d'éléments d'activité plus productif que le simple défrichement d'un nombre égal d'hectares mis en cultures annuelles parce que l'opération demandera plus de capitaux, d'avances et exigera un capital circulant proportionnellement plus élevé et distribuera aussi plus de salaires, car la viticulture est un système de culture des plus intensifs.

On ne comprendrait guère le réveil du pacte colonial de Colbert à l'encontre d'une jeune colonie qui est à nos portes et qui dispose d'une pareille source de richesses.

Interdire, *à priori,* la création d'un vignoble marocain serait une erreur qui se retournerait contre le principe même de notre œuvre dans le pays. Et n'oublions pas que là, comme ailleurs, les viticulteurs n'agiront que sous leurs propres risques.

Evidemment, cette question changera d'aspect avec le temps; on s'est jeté avec fougue dans une doctrine de protection de la mère-patrie, les intérêts personnels ont pris parti — c'était leur droit —, mais prononcer l'exclusive en cette époque troublée, d'équilibre provisoire, sans savoir encore quel sera notre régime colonial définitif, et celui du Maroc en particulier, c'est au moins prématuré, on en conviendra. Il serait prudent, je pense, de réserver l'avenir et de ne pas décourager sans raison péremptoire tel effort déterminé qui peut tourner au profit assuré de notre domaine colonial.

Pratiquement, les gelées sont peu à craindre sur le littoral; la fraîcheur relative des nuits semble devoir faciliter une bonne vinification.

Pour la création des plantations, il faut compter sensiblement les mêmes frais qu'en Algérie, 3.000 francs par hectare au moins, en y comprenant l'achat du terrain, le défoncement, la plantation, la construction et l'outillage de la cave. Les frais de culture et de vendange pour un rendement probable de 60 hectolitres pourront s'élever à 500 francs par hectare, ou un peu plus. La marge bénéficiaire variera avec les années et les prix de vente, mais elle restera toujours suffisante pour tenter les viticulteurs entreprenants, comme en Algérie. A-t-on jamais estimé l'influence de la viticulture sur la colonisation algérienne ? Et veut-on s'en priver au Maroc ?

IV. — Le Coton

A propos du coton nulle controverse n'est soulevée : cette culture ne concurrence aucune culture métropolitaine, et la France en importe annuellement pour plus de 500 millions de francs. Tous les pays civilisés sont intéressés à cette production: si les pays qui le récoltent sont limités, ceux qui le consomment peuplent le monde entier ; il s'agit d'une consommation annuelle qui dépasse le chiffre colossal de 25 milliards de francs, suivant une statistique déjà un peu ancienne de Levasseur. L'industrie cotonnière est une des plus importantes de France, et aussi, faut-il ajouter, l'une des plus prospères, concentrée dans le Nord, en Normandie, dans le Lyonnais et le Dauphiné avec quelques centres d'activité secondaires sur la Basse-Loire et dans le sud-ouest. En 1885, notre pays possédait dans ses filatures 5 millions de broches; en 1910, leur nombre dépassait 7 millions. On peut juger par cet apeçru de l'intérêt que peut présenter la question du coton, et l'on comprend que toutes les grandes nations de l'Europe soient actuellement préoccupées de l'avenir de cette importante industrie, dont les débouchés sont pour ainsi dire illimités, qui emploie des capitaux par milliards et des ouvriers par millions. Pour qu'il y ait surproduction de la matière première ou mévente des produits fabriqués il faudrait un concours de circonstances difficiles à réunir et qui, en tous cas, ne pourraient se produire que dans un temps éloigné pour lequel les prévisions resteront possibles. Dans toute alternative, on ne trouve pas la base d'une opposition quelconque venant de France contre l'introduction de la culture cotonnière au Maroc ; au contraire, on la verrait s'y propager avec satisfaction.

La France a fait un effort méritoire depuis quelque quinze

ans pour propager le coton dans ses colonies, en Algérie et en Tunisie, à Orléansville et sur la Medjerda, où j'ai eu l'occasion d'en voir quelques champs, au Sénégal, au Dahomey, à Madagascar et en Indochine. Cette amorce est encore bien insuffisante et la marge des possibilités futures est encore immense.

Au Maroc, dont il faut se préoccuper spécialement, la culture du coton n'est pas absolument nouvelle. On en retrouve les traces dans la littérature à diverses époques, mais de nos jours — fait plus intéressant — les vieux Marocains se souviennent avoir vu dans leur jeune âge beaucoup de champs de coton dans la région d'Ouezzan, en particulier. Il serait donc avantageux qu'au Maroc, les efforts obstinés que fait l'Administration de l'Agriculture, stimulée par son directeur, M. Malet, pour ressusciter cette culture trouvassent un écho pratique dans les populations, chez les riches propriétaires indigènes et parmi les colons bien placés pour répondre à l'appel.

En Algérie, M. Brunel, — précédemment colon à Orléansville, — aujourd'hui directeur de l'Agriculture, bien qualifié par conséquent, aidé par les travaux du Dr Trabut, directeur du Jardin d'Essai, a réussi à créer un mouvement en faveur de l'extension du coton, dont l'exploitation avait, au temps de la guerre d'Amérique surtout (1855-1867), donné de beaux profits, mais ensuite avait été graduellement abandonné pour la vigne.

Toutes les expériences déjà acquises concordent donc : l'introduction du cotonnier dans les cultures nord-africaines est possible et logique. Reste seulement à en préciser les conditions physiques et économiques.

Le coton aime les terres fortes, il vient en terre sèche et en sol irrigué: les arrosages activent le développement de la plante, qui peut alors être récoltée avant les pluies d'automne. Il est, par ailleurs, acquis que les pluies altèrent fortement la fibre cotonneuse des capsules, que la grande humidité des nuits d'été et les brouillards peuvent aussi nuire à la qualité. Il semble donc que l'on aura intérêt à cultiver les variétés hâtives mûrissant en octobre.

Depuis 1914, des essais ont été poursuivis par la direction de l'Agriculture à Marrakech, à Fez, aux environs de Rabat et à Souk-el-Arba, dans le Gharb, soit au total sur une centaine d'hectares peut-être. Ces essais ont été inopportunément contrariés par la mobilisation d'abord, par deux invasions successives de sauterelles ensuite; ils ont cependant permis de fixer un certain nombre de points essentiels relatifs aux particularités végétatives du coton au Maroc. Je n'ai personnellement pu visiter que les champs d'essais de Marrakech et de Fés, à grandes distances physiques et climatériques l'un de l'autre.

Les essais ont porté sur les variétés : Abassi, Mit-Afifi, Nubari, Yanovitch, Sakellaridis, Porto-Rico et Sea-Island. Les fibres obtenues, expertisées par les soins de l'Association cotonnière coloniale, ont été déclarées dans l'ensemble de bonne qualité. Une étape nouvelle doit être franchie en 1917 : il faudra déterminer le rendement économique et financier qui seul est de nature à entraîner les convictions parmi les agriculteurs. Dans ce but, l'Administration assurera la mise en expérience de plusieurs hectares de cotonniers, tant à l'irrigation qu'en terre sèche, d'après les moyens d'action de la grande culture — ce qui n'avait pas été fait encore — et qui donneront par cela même l'exacte mesure des profits à escompter par les planteurs.

C'est la meilleure voie que puisse suivre l'Administration en donnant la plus large publicité aux résultats de ses essais.

Jusqu'ici, le coton au Maroc a des partisans et des opposants, qui ne sont pas plus armés les uns que les autres pour établir leurs convictions (1). Un grand point est acquis définitivement — et c'est le principal : le coton s'accommode des sols et du climat. Si les Marocains des siècles derniers n'en ont pas eux-mêmes poursuivi le dévelopement, en présence de l'invasion des cotonnades anglaises, c'est qu'ils n'ont pas su sélectionner les semences, qu'ils n'ont pas su installer des machines à égrener leurs récoltes. Je peux rappeler ici incidemment que lorsque

(1) Il n'est pas jusqu'à l'Académie d'Agriculture qui n'ait cru devoir prendre parti dans la question en recommandant, dans sa séance du 7 mars 1917, la culture du cotonnier en terrains irrigués.

les Anglais ont voulu étendre la culture du coton dans l'Ouganda — où elle a très bien réussi — ils ont dû choisir les semences et installer immédiatement des usines d'égrenage à Kampala sur le lac Victoria : pour obtenir un résultat, il faut en vouloir les moyens.

Toutes les observations météorologiques déjà acquises concordent. Le climat marocain convient au coton en beaucoup de points, et l'eau a seulement besoin d'être aménagée pour les irrigations là où c'est possible; l'oued Sebou dans le Gharb, l'oued El R'bia qui se jettedans l'Atlantique à Mazagan, l'oued Tensift qui arrose la vallée de Marrakech, et l'oued Sous qui débouche à Agadir, pourraient, avec des travaux appropriés, féconder d'immenses champs de cotonniers. Dans le Maroc oriental, dans la région de Berkane, des expériences ont été tentées avec un certain succès. Partout, les résultats sont encourageants. Ces essais vont être vraisemblablement tentés sur une large échelle par de nombreux colons ou des sociétés, car le problème en vaut la peine.

Au résumé, les capitaux ne manqueront pas pour cette nouvelle production, il ne s'agit plus que de fixer pratiquement les méthodes. En Russie, dans le Turkestan, en Egypte, on en est venu à bout; pourquoi ne réussirait-on pas ici ? Quelques années d'études encore et sans aucun doute la question sera résolue.

Et ce sera un excellent dérivatif aux yeur de ceux, très nombreux, qui craignaient une trop grande extension de la vigne au Maroc et une concurrence nouvelle au vignoble français.

Le gouvernement de la métropole vient justement d'envoyer une délégation officielle avec mission spéciale de mettre au point cette question du coton. On n'en est encore qu'aux hypothèses sur les frais de culture, les rendements et les bénéfices probables. De même, le coton étant une plante annuelle nettoyante, qui utilise bien les fortes fumures, il faut déterminer un assolement dans lequel il prendrait la place qu'occupe en France la betterave à sucre par exemple, le blé lui succéderait, puis, à la troisième année, une autre céréale: l'orge, ou même l'avoine, ou bien encore des légumineuses fourragères qu'on utiliserait à l'élevage du bétail. Ce serait, on le voit, le pivot d'une culture intensive qui ne s'improvise pas. L'expérience de quelques années reste donc indispensable avant de pouvoir conclure avec quelque sûreté. Mais au moins les conditions diverses du problème apparaissent nettement pour tous aujourd'hui.

V. — Les Arbres fruitiers. — L'Olivier. — Le Murier

Quelques lignes suffiront pour fixer les idées sur les cultures arborescentes qui sont encore épisodiques pour les Marocains: on possède des arbres fruitiers, on en recueille les fruits, mais on les soigne mal; on ne fait rien pour améliorer et régulariser les plantations : ce travail restera pour les Européens une source de profits appréciables à commencer du jour où les produits marocains pourront jouir en France d'un traitement de faveur comme les produits algériens ou tunisiens. Abricots, câpres, citrons, oranges, grenades, raisins, figues, noix, faute de débouchés — et peut-être aussi d'organisation de la part des habitants — restent des revenus accessoires, presque négligeables, tandis que les dattiers du Djerid, les oliviers de toute la Tunisie, les figuiers de Kabylie sont arrivés aujourd'hui par une exploitation régulière et méthodique à créer des revenus considérables pour les régions qui les produisent. L'eau ne manquerait pas cependant pour les vergers ni à Marrakech, ni à Fés, ni en beaucoup d'autres points du territoire; il suffirait de s'en préoccuper, de faire quelques travaux d'aménagement. Les fruits à noyaux, les abricots, les pêches, les amandes seraient spécialement désignés pour être avantageusement propagés. Le figuier utiliserait très convenablement les coteaux pierreux. Il faudrait populariser la greffe et la taille pour relever les conditions générales de toute l'arboriculture fruitière. C'est un effort de longue haleine qu'il faut tenter et poursuivre obstinément. Il est déjà commencé, notamment en Chaouia où l'on commence à greffer le figuier, mais c'est tout ce que l'on peut en dire.

On commence à restaurer les beaux jardins plantés d'oliviers, d'orangers, de cognassiers, de grenadiers qui se trouvent aux environs de Fés, de Meknès et de Marrakech. Les réparations effectuées au grand aguedal de Marrakech — presque terminées quand je le visitai — ont donné les résultats attendus : la vente des récoltes passait de 4.000 p. h. en 1912 à 160.000 en 1916.

Dans le Maroc oriental, la vallée du Zegzel cultive en grand l'oranger et le citronnier, mais les indigènes ont appris la culture, le greffage, l'art de faire des boutures, la taille des arbres dans l'Oranie voisine, où il y a de fort belles orangeries, à Misserghin, près de Tlemcen, et ailleurs, où ils ont travaillé comme ouvriers.

Les dattes fournies par les palmiers du Sud sont loin de valoir les fruits savoureux du Djerid ou du Souf; néanmoins, quoique dures, ligneuses et peu sucrées, elles entrent dans l'alimentation des indigènes.

Les amandiers sont surtout nombreux dans le sud-marocain, dans le Sous, dans la région de Marrakech et dans les territoires des Haha-Chiadma les amandes amères y sont encore en trop forte proportion: elles trouvent cependant leur emploi en parfumerie et en confiserie. On exporte annuellement par Mogador 2.000 tonnes environ d'amandes, d'une valeur de 4 millions de francs, ce qui n'est pas une quantité négligeable.

Plantations arbustives (1914-1915)

Régions —	Nombre de pieds Oliviers et Amandiers —	 Orangers et Citronniers —	 Figuiers, Vignes et autres arbres non dénommés —	 Palmiers —
Fès	627.083	20.237	1.464.702	5.412
Meknès	211.455	35.159	1.181.853	—
Rabat	7.241	45.055	536.492	2.349
Casablanca	2.083	311	196.385	1.191
Marrakech	455.004	19.977	356.915	79.652
Tadla	11.435	2.691	35.134	—
Abda	5.530	360	242.647	37
Doukkala	555	4.485	335.043	19
Haha-Chiadma ..	»	»	»	—
	1.320.336	128.275	4.349.151	88.660

On est très surpris — ce fut mon cas — quand on arrive au Maroc pour l'étudier de trouver l'olivier relégué à un rang secondaire dans la production agricole du pays. Toute comparaison avec l'Algérie, sa voisine, et plus encore avec la Tunisie, est impossible. Avec presque les mêmes sols, le même climat, les mêmes populations, on constate une négligence pour cet arbre par lequel se justifie très bien l'opinion que l'on se fait volontiers, et souvent sans raison, du fatalisme musulman. L'olivier est bien encore au Maroc une ressource considérable pour les habitants, et même pour le tertib, mais combien éloigné de ce qu'il est dans les colonies sœurs, et combien sa place est petite à côté de celle qu'il pourrait et devrait occuper! Une seule excuse reste valable pour cette situation: Les Français dirigent l'Algérie depuis quatre-vingts ans, et la Tunisie depuis trente-six, ils n'ont pu agir et ne s'en occuper au Maroc que depuis quatre ans.

D'après El Bekri, d'immenses forêts d'oliviers couvraient au

XIVe siècle tout le pays, du Gharb au golfe de Gabès. De ce boisement, il reste des traces en diverses régions du Maroc, sous forme de massifs disparates d'arbres vétustes, agrémentant le paysage à Oudjda, dans le Gharb et aux environs de Fés, dans le massif du Zerhoum et sur les pentes du Zalagh ; dans le Sud, l'olivier se retrouve encore en masses irrégulières dans le Haouz, l'Abda et le Sous. A Marrakech, qui ne compte pas moins de 130.000 arbres, à Fés, à Meknès, à Mogador, il existe des pressoirs très primitifs, et dont on n'obtient que des huiles rances, à goût très fort et désagréable. A Mogador, comme à Fés, ces pressoirs sont habous, ou au moins la propriété de confréries religieuses, qui en tirent un profit considérable.

De grandes quantités d'oliviers sont d'ailleurs abandonnés, et, là où ils sont soignés, il le sont fort mal. A Marrakech même, dans le grand jardin de l'Aguedal, ils ne sont pas taillés : ils y gagnent en ampleur, en beauté agreste, mais ils ne produisent rien ou presque; autour de Fés, dans l'olivette de Lamta, où se retrouvent près de 100.000 oliviers d'une belle venue, on les avait taillés assez régulièrement. La Chaouia a fort peu d'oliviers.

L'avenir de l'olivier au Maroc est donc lié à une double réforme : le rajeunissement des vieux arbres par la taille et la greffe de variétés saines et productives, opération qui a bien réussi dans le centre tunisien, à Sousse, et la construction de moulins à huile modernes, fabriquant proprement et écartant tout mauvais goût des produits obtenus. Il serait urgent et profitable de créer au plus tôt ces moulins à Fés, au centre des plus grandes oliveraies.

Quant à la plantation de nouvelles olivettes, plus ou moins imitées de ce qui a été fait avec tant de succès en Tunisie, elle est à encourager chez les indigènes, à préconiser pour les Européens, car elle demande une mise de fonds relativement faible. Il y faudra quelques années d'attente seulement, mais le revenu en est assuré.

L'arrosage peu exigent que l'on a su si bien assurer dans le Sahel de Sousse, ou même dans le Sud tunisien, par des cuvettes au pied des arbres sera encore plus facile ici parce que l'eau est moins rare.

L'exploitation du mûrier semble aussi avoir un grand avenir au Maroc. On le retrouve à Fés, à Marrakech et sur divers autres points dispersés, et on l'exploite encore un peu. L'éducation des vers à soie n'est pas tout à fait oubliée dans le Maghreb où elle a des racines anciennes; il faut la relever aujourd'hui, ce à quoi s'emploie l'Administration avec zèle.

Dans la région de Fés, les mûriers sont nombreux; il y avait une vingtaine d'onces de graines de vers à soie en éducation en 1916; une magnanerie modèle avait été installée chez le caïd lui-même, dans le système classique à étagères des Cévennes, mais beaucoup trop luxueusement pour servir d'encouragement sérieux aux indigènes. Il serait certainement opportun et pratique à l'heure actuelle de préconiser directement pour eux l'élevage aux rameaux, plus simple, plus propre, et moins exigent en main-d'œuvre parce qu'il supprime la complication des délitages et du papier. C'est une méthode relativement nouvelle et économique, inaugurée en Italie, il y a un peu plus de trente ans, mais qui se propagera toujours davantage en raison de sa simplicité même. A Marrakech on connait également le ver à soie, mais il semble plus oublié qu'à Fés.

La sériciculture trouve dans le pays des conditions favorables : c'est une industrie familiale qui s'adapte très bien à la vie d'intérieur de la femme arabe et qui ne demande en somme que trois semaines d'efforts sérieux pour arriver à la récolte des cocons.

L'industrie lyonnaise a déjà envoyé un mandataire pour étudier la production marocaine possible en cocons ou en soie brute dévidée.

CHAPITRE VII

L'ELEVAGE

I. — Conditions générales

« Le Maroc est essentiellement un pays d'élevage; il le doit à son climat, à son sol, au régime de ses eaux, et surtout à l'immense étendue de ses terrains de parcours » (1).

Cette phrase autorisée résume toute la question et en contient tous les éléments. La région encore peu connue des plateaux ne semble pas moins favorable à l'élevage que le bas pays. Et, dans l'ensemble, s'il y a une grande similitude physique entre l'Algérie et le Maroc, c'est ce dernier qui est le plus favorisé à ce point de vue.

L'organisation du service zootechnique du Protectorat a été instituée par arrêté viziriel du 13 novembre 1913: il est chargé de la surveillance sanitaire du bétail, de l'amélioration de l'élevage et de la lutte contre les maladies contagieuses et parasitaires. Un laboratoire de recherches très bien outillé lui a été adjoint dès sa création pour les sérums et les vaccins (2). L'inspection des abattoirs a été organisée dans tous les centres du Maroc, ainsi que celle des marchés d'alimentation dans les grandes villes, et celle plus importante encore de la surveillance sanitaire des foires et marchés aux bestiaux. Tous les ports ouverts au commerce ont été également pourvus d'un

(1) M. Monod, vétérinaire principal de l'armée, chef du Service de l'Elevage au Maroc. Sa conférence est le document administratif le plus précieux que j'ai pu consulter sur la question.

(2) Dès 1915, il a dirigé la campagne contre les sauterelles en employant la méthode de contagion par le cocobacille d'Hérelle.

vétérinaire destiné à assurer la visite des animaux à l'importation et à l'exportation.

Par ailleurs, les services vétérinaires dans le bled ont été assez exactement calqués sur les services de santé. Un service de consultations gratuites fonctionne dans chaque centre de circonscription. Ces consultations, très appréciées, se chiffrent par milliers mensuellement, et, à côté des services fixes, a été créé un service mobile ambulant. Des vétérinaires inspecteurs de l'élevage sont chargés chacun d'une circonscription : ils y sont les conseillers des colons, interviennent gratuitement en cas de maladies contagieuses et font les vaccinations d'immunisation par les sérums; ils propagent chez les indigènes les bonnes méthodes zootechniques d'élevage, d'amélioration et de sélection et opèrent les castrations des mâles ovins et bovins qu'il n'y a pas avantage à laisser reproduire. A chacun d'eux est adjoint un aide-vétérinaire indigène destiné à faciliter les relations avec les indigènes.

Le Service des Haras répartit ses étalons au printemps dans les stations de monte où les juments des colons, comme celles des indigènes, sont saillies gratuitement. L'Administration rembourse en outre aux éleveurs le prix du transport des animaux améliorateurs qu'ils ont importés, et parfois en met elle-même à leur disposition à titre gracieux: elle l'a fait notamment pour les taureaux.

Un stud-book a été institué pour la race chevaline et un herd-book pour la race bovine.

L'élevage, pour être discipliné, ne doit pas être livré à lui-même, comme il l'a toujours été au Maroc ; l'amélioration doit être poursuivie avec esprit de suite. Les jeunes animaux, d'autre part, exigent des soins spéciaux qui leur font souvent défaut autant par négligence que par ignorance.

Pour les Européens, toutes les méthodes zootechniques sont évidemment à recommander : la sélection, les croisements bien compris dans un habitat déterminé, dans des troupeaux homogènes, avec une bonne alimentation soignée; mais pour les indigènes, un seul moyen pratique et facile peut être aisément appliqué: la castration des mâles de conformation vicieuse ou annonçant de mauvaises aptitudes, laquelle, indirectement, aboutit à la sélection. Les résultats de cette opération ne tarderont pas à s'imposer aux esprits les plus sceptiques ou les plus indifférents. Fort opportunément, d'ailleurs, les vétérinaires ont reçu pour mission d'opérer gratuitement toutes les castrations pour lesquelles ils seront sollicités.

L'élevage indigène, en effet, est resté jusqu'ici très primitif autant par ignorance que par nécessité, manque de ressources, guerres incessantes entre les tribus, souvent même pour la jouissance de certains pâturages. Les animaux vivent au pâturage, et ce n'est qu'exceptionnellement que des aliments supplémentaires leur sont donnés. Quand la pluie bienfaisante fertilise le sol marocain, les troupeaux se développent, résistent aux maladies: c'est la richesse. Si la sécheresse se prolonge, le steppe nu, aride apparait, l'herbe desséchée sur pied est rare et grossière; on n'y voit guère que quelques touffes de doum sans grande valeur nutritive; les animaux deviennent étiques et paient un lourd tribut aux épizooties.

Les sultans avaient pour ces raisons été amenés à prohiber l'exportation du bétail: depuis Algésiras seulement, il est permis à chacune des puissances européennes d'importer chez elle 10.000 têtes par an, ce qui ne peut guère avoir d'effet que pour la France et l'Espagne.

C'est pour cela qu'il est nécessaire d'habituer les indigènes à constituer aussi des réserves alimentaires pour nourrir le bétail quand les pâturages font défaut, à laisser notamment moins de paille dans les champs de céréales au moment de la moisson, mais au contraire à couper les tiges à la faux, au pied, et à les engranger. Le foin des prairies naturelles qui abondent au Maroc, de qualité très variable, pourra être aussi bien mieux utilisé. L'installation des étables devient par là la première amélioration à réaliser.

Le Service des Renseignements me paraît bien placé pour propager ces utiles enseignements par voie de conseils, d'affiches, et surtout de conférences.

Il faudrait aussi convertir les indigènes à l'emploi des fourrages artificiels: alpiste, vesces, avoine, fenugrec, luzerne, lapuline, puis à la pratique de l'ensilage des fourrages verts, spontanés ou cultivés, y compris le maïs, le sorgho, le moha, la moutarde, et tant d'autres plantes bien connues des indigènes. Mais pour cela, il faudrait avant tout des leçons de choses : l'exemple de la pratique donné par les colons européens.

L'abreuvage régulier des animaux est tout aussi important. Je dois reconnaître ici, à l'éloge de l'Administration, que j'ai déjà rencontré dans le bled de nombreux abreuvoirs en ciment bien construits; il n'y a qu'à continuer leur multiplication. L'Algérie s'est, on le sait, depuis longtemps attachée avec succès à l'aménagement des r'dirs, ou points d'eau, dans toutes les régions des Hauts Plateaux.

Pour les abris, de simples hangars suffiraient la plupart du temps, les intempéries ne sont pas excessives pas plus que les gelées; ils permettraient de distribuer une ration sèche sans perte de fourrages. Les animaux se maintiendraient en meilleur état et offriraient plus de résistance.

L'Arabe est par vocation un peuple pasteur; mais au Maroc, la transhumance entre les pâturages d'été et les pâturages d'hiver n'a jamais été suivie avec méthode, faute de sécurité surtout, comme cela se fait régulièrement en Algérie par exemple, et aussi en Tunisie. Car il est à noter à ce propos que la propriété des pâturages dans ces deux pays n'est plus en discussion: les tribus disposent à peu près en paix, de pâturages d'été et de pâturages d'hiver, que les animaux visitent alternativement chaque année. Et il reste indifférent que ces pâturages soient propriétés de tribus ou biens maghzen.

La paix assurée entre les tribus ne peut manquer d'améliorer ces conditions générales aussi bien avec les chevaux qu'avec les bœufs et les moutons. Mais cette évolution ne peut se faire en un jour ni en un an, il y faudra quelques années; qu'on ne songe pas surtout à infuser un sang trop délicat qui n'aurait pas une résistance suffisante au climat et qui ferait perdre de sa rusticité au bétail marocain, élément le plus précieux dans a situation actuelle. Tout au moins la rusticité des races a été maintenue jusqu'ici, et c'est leur plus grande qualité.

II. — Les Moutons

La répartition des troupeaux ovins au Maroc est assez uniforme ; ils ne diminueront éventuellement dans certains districts que devant les progrès de la charrue française et pour faire place aux bœufs. Les régions du Nord, en y comprenant le Maroc occidental, sont les plus riches; le Sud, au delà de la ligne Mogador, Marrakech, est, en général, plus pauvre en toutes sortes d'animaux d'élevage. Il faut diviser ces troupeaux en trois variétés distinctes, qui ne semblent pas jusqu'ici avoir reçu de désinences spéciales, même dans le commerce, quoiquelles se rattachent toutes trois au mérinos.

La meilleure, qui a donné naissance à nos mérinos d'Espagne, de France et d'Allemagne occupe surtout les régions du Gharb, du Tadla, des Beni-Ahsen et des Beni-Meskine, est de taille moyenne, a la tête rougeâtre ou noire, la poitrine assez développée, le rein large, le gigot assez musclé; c'est une bonne bête de boucherie qui, engraissée, peut atteindre 70 kilogr., et dont la viande est savoureuse et appréciée. Sa toison, fermée et serrée, fournit une laine dite ourdighia, de première qualité, fine et ondulée, et peut atteindre jusqu'au poids de 5 kilogr.

Une autre variété, avec un grand collet formant fanon, plus grande, plus allongée, et aussi plus étroite de poitrine, a une toison demi-ouverte, dite beldia, contenant une forte proportion de jarre. Sa chair est filandreuse. C'est la race habituelle sur le littoral, en Chaouia, et elle se retrouve jusqu'à Fès dans l'intérieur.

Enfin, il existe une troisième variété, confinée dans les régions montagneuses de l'arrière-pays, plus petite, plus courte, mais à croupe horizontale, quoique les membres soient brefs et grêles, d'un poids moyen de 50 kilogrammes, encore très appréciée par la boucherie et se rapprochant beaucoup des moutons oranais de Tlemcen et de Sidi-bel-Abbès, qui font prime sur les marchés de Marseille et d'Aix. La laine est fine et parfois tassée, mais encore jarreuse.

A l'inverse de ce qui se passe en Tunisie et en Algérie, la queue des moutons n'intervient pas dans le classement des animaux: sur les marchés de Marseille ou de Paris ils sont tous classés *fine-queue,* c'est-à-dire dans la première catégorie des moutons africains que la France consomme en si grandes quantités. Il faut se préoccuper exclusivement de leur rendement en viande nette (1).

Il n'y a à prévoir d'amélioration pratique et efficace du mouton marocain que par le croisement avec les mérinos de La Crau ou d'Espagne, habitués à une vie assez rude, et pour lesquels le nomadisme à la recherche de pâturages dispersés est encore l'existence normale.

Dans tout le Maroc, comme en Algérie, comme en Tunisie, c'est la zone des steppes qui est le pays du mouton, et cette spéculation restera longtemps l'apanage des indigènes, sinon le monopole, en raison des conditions spéciales d'existence qu'elle comporte, et pour les animaux et pour les pasteurs qui les élèvent.

Les plateaux marocains peuvent nourrir deux moutons par hectare. A noter encore que ces animaux, après quelques semaines de repos dans un bon pâturage et sous un bon régime, donnent en boucherie une viande aussi savoureuse que les moutons algériens dits *de réserve.*

Rien de spécial à dire des chèvres, hormis que l'exportation des peaux en a toujours été très active, et le Maroc reste encore l'un des centres les plus vivants d'approvisionnement de notre industrie de la tannerie des cuirs dits maroquins et de la ganterie de Grenoble qui utilise le chevreau. Les indigènes consomment couramment la viande de chèvre, qui se vend à bas prix. Cet élevage reste donc pleinement justifié économiquement et sa défense est facile, quelles que soient les critiques que l'on pourrait présenter au nom de l'économie rurale et des théories zootechniques qui sont de mise en Europe. Vérité en deçà, erreur au delà !

---

(1) V. mon étude : L'Importation des moutons africains. — *Journal de l'Agriculture,* N° 1405, du 21 octobre 1893.

III. — Les Bœufs

Les bovins, malgré les ravages de la piroplasmose, épizootie qui causa d'énormes pertes en 1915, — que l'on a cependant exagérées,— prospèrent merveilleusement au Maroc; ils se rattachent à la race brune de l'Atlas. Dans l'ensemble, les animaux, et plus spécialement les variétés du Gharb, des Beni-Ahsen, des Zemmour et des Zaër sont supérieurs à leurs congénères de l'Afrique du Nord: s'ils sont de format plus réduit dans la montagne et dans le sud, où ils ne dépassent guère le poids de 250 kilogr. sur pied, ils sont de formes beaucoup plus amples et peuvent souvent atteindre 500 kilogrammes, poids vif, sur certains plateaux et sur le littoral, dépassant de beaucoup la race de Guelma, considérée comme la meilleure race algérienne. A Fès, les bovins ont la culotte large, la tête fine; il n'y aurait qu'à sélectionner là, sans croisement, pour donner naissance à une belle race manquant seulement un peu d'aptitudes laitières.

De races rustiques toujours, ce sont d'excellents animaux de travail, et même de boucherie, mais leur rendement en viande nette est encore faible, puisqu'il n'est guère estimé qu'à 47 ou 50 %. Leur plasticité semble assez grande: on les dit aptes à un engraissement rapide. Les vaches, petites mais bien conformées, présentent cependant parfois les caractères de bonnes laitières — on accuserait jusqu'à 15 et 16 litres après le vêlage lorsqu'elles ont été bien nourries en vue de cette production. A Meknès en particulier, quoique de robes très variées, elles sont très beurrières. Mais trop souvent on les trait mal et incomplètement; il faudrait apprendre aux indigènes à bien vider les mamelles sans fatiguer l'animal.

En somme, l'élément semble bon ; il faudrait veiller à son amélioration par une sélection persistante des reproducteurs, une alimentation rationnelle, l'allaitement naturel intensif des jeunes, l'usage pour ceux-ci des aliments complémentaires : farines, bouillies. Là encore, c'est affaire de temps et de continuité dans l'effort — qui ne peut être fait sérieusement que par les colons européens.

Dès 1915, on a tenté le croisement des vaches marocaines avec les taureaux zébus de l'Inde que j'avais déjà vu pratiquer à Bône et en Tunisie depuis quelques années. Pour un résultat immédiat ou au moins rapide, ces croisements sont parfaits, mais pour l'amélioration de toute une race, telle que le bétail marocain, je pense, avec beaucoup de spécialistes, que par la seule sélection méthodique et continue du bétail autochtone, on obtiendra de meilleurs résulats, plus durables, des animaux mieux adaptés au milieu.

IV. — Les Chevaux

Le cheval marocain se rattache naturellement à la souche berbère, à une branche de la race barbe: il n'est pas élégant, il est étriqué, souvent défectueux dans ses aplombs, et à encolure courte; et, de plus, il est mou, manque d'influx nerveux, mais il est robuste et rustique; il a un bon garrot et un bon dessus. Le cheval marocain est un dégénéré, sa noblesse a disparu; s'il ne vaut pas ce que valaient ses ancêtres c'est que les indigènes en ont fait surtout un animal de bât. Il faut maintenant rajeunir la race. Et toujours, la même remarque vient à l'esprit: c'est affaire de temps et de volonté persistante.

Une première jumenterie a été constituée à Temara, à faible distance de Rabat, laquelle renferme 100 juments poulinières. Il a été créé de nombreux autres établissements hippiques à Meknès, à Oudjda, à Settat, et des dépôts de remonte à Mazagan et à Marrakech, qui rivalisent pour ennoblir le sang du cheval marocain. La remonte dispose dès maintenant de 400 à 500 étalons. Mais il ne faut pas viser à implanter le pur-sang, qui n'apporte que l'élégance avec la délicatesse au détriment de la rusticité et de l'acclimatation. N'oublions pas que le cheval de service est préférable au cheval de course. L'Algérie et la Tunisie semblent devoir prêter un concours très précieux à la remonte marocaine par leurs étalons de même origine, déjà affinés et qui n'ont pas à subir l'épreuve de l'acclimatation. Le cheval marocain est un animal de fond; il faut éviter avec le plus grand soin de diminuer cette qualité précieuse entre toutes.

V. — Le Mulet

Le mulet de l'Afrique du Nord est un animal exceptionnel, très apprécié et très demandé, à cause de son énergie et de sa sobriété, et même de sa douceur. Le Gouvernement français en achète toujours beaucoup pour l'armée, et c'est la monture préférée des indigènes riches pour les parcours un peu longs dans ce pays encore dépourvu de routes. Il vaut couramment de 500 francs à 1500 francs. La jument du pays, de par sa conformation peu élégante, est mieux indiquée pour produire du mulet que du cheval. Le mulet ne coûte presque rien, travaille dès l'âge de deux ans et a toujours une valeur marchande. Il est donc avantageux de réserver les belles juments à la production du cheval et de consacrer les autres à la production du mulet en ayant soin de les faire saillir par des baudets espagnols ou algériens capables de donner aux jeunes l'étoffe et la taille qui manquent un peu aux produits du pays. En toute alternative, c'est une spéculation à gros profits.

VI. — Les Porcs

Le porc n'est pas au Maroc l'animal impur qu'il est généralement dans les autres pays musulmans; il n'est l'objet d'aucune répulsion spéciale et on l'élève comme tout autre animal domestique. La race est noire, d'origine ibérique, très probablement importée directement de l'Espagne. C'est un élevage qui peut et qui devrait prendre un très grand essor: 1° parce que sa viande est de très bonne qualité, et 2° parce que les ressources naturelles qu'il utilise coûtent peu et abondent dans le pays.

Très rustique, très plastique, il se nourrit en temps normal exclusivement de racines et de tubercules riches en matières amylacées qui abondent dans les pâturages ou bien il utilise les glands des chênes dans les forêts prises en location, dont il s'accommode fort bien.

Tous croisements améliorateurs qui augmentent la précocité et le volume des animaux sont à recommander; toutefois on semble beaucoup attacher de l'importance à conserver la robe noire de la race locale qui, dit-on, la met à l'abri des affections de la peau occasionnées par le soleil. C'est même à cette idée que l'on se rattache pour écarter les croisements avec la race craonnaise, très prolifique, de bon rendement, mais de robe blanche.

Le porc est un produit d'exportation marocaine du plus grand avenir.

VII. — Les Autruches

Dans la belle région de Meknès, à l'Aguedal, on a installé une autrucherie. Il y en avait une ancienne créée depuis près de 200 ans par les anciens sultans; l'effectif actuel comprenait déjà en 1916, 32 autruches anciennes, dont 15 mâles et 18 jeunes âgés de 6 à 11 mois. La ponte des œufs est abondante, mais beaucoup de ceux-ci sont clairs: les deux tiers environ; en les parquant par couples on a des œufs mieux fécondés. On fait l'élevage artificiel au moyen de couveuses, car l'élevage naturel donne peu de résultats, l'autruche étant mauvaise couveuse. Après l'éclosion, la couveuse est transformée en éleveuse pour maintenir les jeunes dans une atmosphère convenable, et, en hiver, pour les protéger de l'humidité, on dispose d'enclos spéciaux où ils s'abritent volontiers. Ces jeunes autruchons sont d'ailleurs très familiers; ils se laissent approcher facilement, tandis que les vieux sont plus sauvages et se tiennent très loin des gens, même de leurs gardiens.

La nourriture est constituée par les escargots, l'herbe

courte du parc où ils sont logés, et on leur distribue des rations d'orge et de maïs dont ils sont très friands.

Cette spéculation, comme dans le Sud algérien, comme en Tunisie, semble appelée à prospérer et à se développer beaucoup. On est encore bien loin de ce qui a été fait depuis trente ans dans les autrucheries du Cap, mais du moins la mode a été maintenue et les prix de vente de la plume se sont presque régularisés sur le marché de Paris.

CHAPITRE VIII

LES FORETS

Au premier abord, le Maroc semble bien l'« *ager arbori infecundus* » (le pays infertile aux arbres) dont parle Salluste dans sa fameuse description de la Province romaine d'Afrique. En réalité, il est moins dénudé qu'il ne paraît à première vue, mais la surface forestière est groupée en grandes masses localisées sur quelques points limités : la région au nord de Rabat, le Moyen-Atlas, les montagnes voisines de Mogador et d'Agadir, et l'on peut parcourir des centaines de kilomètres sans rencontrer le moindre petit bois. Les maquis d'essences arbustives, la brousse de la Kabylie et de la Kroumirie, les sous-bois ligneux mêmes sont inconnus. Et, de plus, tandis que dans les autres pays barbaresques la flore forestière présente un caractère nettement méditerranéen, elle est nettement atlantique au Maroc: nombreuses sont, en effet, les espèces marocaines qui font défaut en Algérie et que l'on retrouve en Portugal et dans le sud-ouest de la France — y compris le cèpe des Landes de Gascogne qui abonde dans la forêt de Mamora. Une autre caractéristique de la forêt marocaine est la puissance exceptionnelle de sa végétation : tel chêne-liège de 1 m. 50 de tour, qui, en Kabylie, aurait 70 ans, n'en a que 35 à 40 en Mamora; cette vigueur physiologique tient à une cause bien connue aujourd'hui, l'état hygrométrique de l'air et l'humidité constante du sol (1).

La surface forestière du Maroc, encore fort mal connue, surtout dans les parages du Grand-Atlas et dans le sud de l'empire chérifien, n'atteint pas moins de 510.000 hectares, et des relevés plus précis devront vraisemblablement porter ce chiffre à 600.000 hectares et plus. Ce n'est pas beaucoup, c'est néanmoins l'indice d'une situation assez bonne au point de vue hydrologique.

La dendrologie du Maroc est simple: les essences forestières sont, en première ligne, le chêne-liège, puis le chêne-zéen, le chêne-vert, les pins d'Alep et maritime, le thuya, le génevrier, l'érable, l'if, et, parmi les essences secondaires, le pistachier, le lentisque, le sumac, le peuplier blanc, le poirier sauvage.

Les charbonniers indigènes abondent partout; on n'a eu qu'à se préoccuper de leur cantonnement pour arrêter leurs déprédations, souvent inconscientes.

La forêt de Mamora, qui couvre 130.000 hectares sur un immense plateau sablonneux de 40 kilomètres de largeur et 60 en longueur entre le Bou-Regreg et le Sebou, est l'une des plus vastes du monde, abstraction faite des solitudes boisées à peine explorées de l'Afrique ou de l'Amérique. Elle est peuplée exclusivement de chênes-lièges, avec un petit peuplement de poiriers sauvages vers ses confins orientaux. Pas de sous-bois, de bruyères, d'arbousiers, de myrtes qui rendent si difficiles l'accès et l'exploitation, et si dangereux les incendies qui s'y déclarent. Elle constitue une véritable richesse nationale.

On a déjà commencé la mise en exploitation par le démasclage et l'on évalue à 100.000 quintaux au moins, d'une valeur de 3.500.000 francs, sa production annuelle en liège. Avec les

(1) Conférence faite à l'Exposition de Casablanca, le 6 novembre 1915, par M. Boudy, directeur des Forêts au Maroc. In: *Bulletin officiel de l'Empire chérifien*, N° 167. 3 janvier 1916.

autres produits: poirier d'ébénisterie, bois de chauffage, tannin, charbon, ce revenu annuel s'élèvera à 4 millions.

On n'est pas arrivé trop tard pour la sauver des dévastations indigènes. L'Administration a pris en mains l'ouverture des routes, des tranchées garde-feu de 30 mètres de largeur, la construction des maisons de garde ; elle assume elle-même l'aménagement et l'exploitation directe de la forêt sans recourir à l'amodiation ou à la concession, au moyen de crédits prélevés sur l'emprunt de 1914-1916. Et il y a lieu de souligner avec satisfaction que cette petite révolution s'est accomplie pacifiquement, sans heurts, sans qu'on ait eu à recourir à la force, contrairement à ce que l'on pouvait craindre par les précédents algériens ou tunisiens.

Ailleurs, le chêne-liège se retrouve en massifs de 4.000 à 25.000 hectares, à Temara, dans la forêt des Zaërs, au camp Boulhaut, dans la forêt des Sehouls, où les travaux sont déjà commencés, puis, plus loin, au sud-est de Rabat, près de Christian, dans la région de Tafoudert et d'Oulmès.

Rien qu'en chêne-liège le Maroc pourra disposer de 250.000 hectares, c'est-à-dire d'une surface à peu près égale à celle de toutes les forêts domaniales de l'Algérie.

D'importants boisements de thuya se trouvent aussi dans les régions de Rabat et en Chaouia, qui approvisionnent de bois d'œuvre parfaits les charpentiers et les ébénistes de Rabat, Salé et Casablanca.

La seconde zone forestière du Maroc qui mérite d'être signalée est celle du cèdre, qui s'étend sur 150 kilomètres dans le Moyen-Atlas, chez les Beni-M'tir et les Beni-M'guild, bien différent de la première quant aux essences et quant à l'altitude: tandis que le plateau de Mamora est entre 40 et 200 mètres, le chêne-liège ne dépassant pas 1.000 mètres, la grande forêt de cèdres ne commence qu'à 1.500 mètres pour s'élever jusqu'à 2.000 et 2.500 mètres.

Un premier massif, celui de Jaba, au sud de Meknès, incendié jadis sur l'ordre de Moulay-Hassan, est peuplé de chênes-verts et de chênes-zéens: il est actuellement exploité, sous les ordres des forestiers, par les soldats territoriaux d'Ito. Puis on arrive par gradations aux grandes futaies étagées en immenses terrasses, sur lesquelles le cèdre occupe les étages les plus élevés. Il y a là des arbres âgés de 300 à 400 ans et de 35 à 40 mètres de hauteur sur 5 à 6 mètres de tour. Ces futaies rappellent les plus beaux boisements des Vosges et du Jura.

On estime à 200.000 hectares les seules forêts comprises dans la zone du cèdre.

Trop souvent les plus magnifiques boisements ont été l'objet d'exploitations désordonnées, dont ils portent encore les traces. Il convient d'y employer un outillage de coupe et d'abatage plus rationnel et d'y installer des scieries pour le débitage des vieux arbres. Des fours indigènes à goudron sont encore autorisés dans les forêts des Zaërs et des M'Dakra.

Entre les oueds Tensift et Sous, sur le territoire des Haha et des Chiadma, se place la troisième zone forestière, où règne un arbre spécial: l'arganier (bois de fer), de la famille des sapotacées, qui appartient plus spécialement à la flore de la Sénégambie. C'est un arbre épineux, toujours vert, de 6 à 8 mètres de hauteur, dont l'aspect général rappelle celui de l'olivier. Il est inconnu en dehors de cet habitat ou de son voisinage: Safi, Mogador, Agadir sur le littoral, et les territoires intérieurs adjacents, jusqu'aux contreforts du Grand Atlas. Son fruit, l'argan, assez semblable à une grosse olive, est mangé par le bétail, les chèvres surtout, et, dans le crottin rejeté par les animaux, les femmes ramassent l'amande, très dure, non digérée, qui renferme une huile précieuse et qui aurait une valeur sérieuse si on employait un système d'extraction propre et pratique. Théoriquement au moins, les 10 millions de pieds d'arganiers, à raison de 10 litres par pied, pourraient donner un million d'hectolitres d'huile. Son bois, dur, sans usage connu à cause de ses faibles dimensions, mais qui devra trouver son emploi en bimbeloterie, n'est guère employé jusqu'ici, et dans de faibles proportions, que pour fabriquer du charbon excellent. En somme, l'arganier présente plus de curiosité que d'utilité. Il fixe les sols cependant, ce qui est bien une utilité dans une région de landes sablonneuses. Cette exploitation est maintenant à organiser pratiquement et juridiquement, car la forêt est encore considérée comme *res nullius* et logiquement revendiquée par le domaine maghzen en cette qualité.

On peut estimer à 200.000 hectares la surface totale occupée par l'arganier, mais très coupée de clairières étendues, et mêlée de thuyas dont on retire la gomme sandaraque, qui s'exporte par Mogador en quantités considérables.

Par tout cet exposé, on voit que les forêts du Maroc recèlent de précieux éléments de revenus, sinon dans toutes leurs parties, au moins dans la majeure partie de leur surface; les conifères et les amentacées y sont d'une belle venue, et les cèdres et les chênes-lièges principalement y assurent de beaux revenus.

En ce qui concerne l'exportation, certaines essences sont autorisées depuis 1882 à sortir du Maroc : les droits de sortie frappent les écorces à tan, le liège mâle, l'osier, les bois d'arar, le cèdre.

Le Protectorat paraît décidé à garder et à exploiter en régie tout le domaine forestier; l'exposé des motifs du projet de loi sur l'emprunt dit explicitement: « La mise en valeur des forêts du Maroc doit être assurée par l'Etat à l'exclusion de tout régime de concession privée ».

Les travaux hydrauliques: barrages, dessèchements, irrigations sont laissés aux travaux publics jusqu'à ce jour, mais il est à prévoir que, dans un délai indéterminé encore, ils seront réunis aux reboisements pour former avec ceux-ci un service particulier des améliorations agricoles — la direction des forêts devenant elle-même une sorte de régie financière exclusivement. Puisqu'on ne s'embarrasse pas de copier nos vieilles administrations, en pays neuf, cette organisation semblerait rationnelle, et le personnel des agents s'en accommoderait sûrement. La direction de la colonisation, ou celle des forêts, serait naturellement indiquée pour diriger ce nouveau service, qui demande des vues générales autant que des études de détail.

CHAPITRE IX

LA PÊCHE

Comme sur tant d'autres questions, on ne peut parler de la pêche au Maroc que pour signaler des possibilités futures, que l'on peut et que l'on doit rechercher car elles sont merveilleuses et indubitables, mais que l'on ne réalisera qu'au prix d'efforts bien dirigés par des armateurs pour la grande pêche, par des sociétés ayant à leur tête un personnel compétent, tous disposant d'un armement bien approprié et d'installations sur la côte facilitant les triages, manipulations, emballages nécessaires pour atteindre la consommation.

Il n'y a actuellement sur la côte marocaine que des entreprises embryonnaires. Les quelques pêcheurs, arabes, espagnols ou italiens qui se livrent à la petite pêche en vue de pourvoir à la consommation locale, disposent de moyens très primitifs. Leurs embarcations sont de simples barques, quelquefois des balancelles; leurs engins, des lignes de fond dites palanques, des lignes à la traîne, des filets flottants, des filets de fond ou chaluts, des casiers.

En 1913, on a compté 40 balancelles de Valence se servant de filets dits « bœufs » qui ont envoyé à leur port d'attache pour environ un million de francs de poisson séché, tout en vendant du poisson frais à Casablanca.

Tout cela est encore quantité négligeable et l'on doit attendre beaucoup mieux.

Un spécialiste bien connu, M. A. Gruvel, a publié sur ce sujet une étude approfondie qui peut servir aujourd'hui d'instruction générale (1). « La faune marocaine, écrit-il, est

(1) A. Gruvel, professeur au Muséum. L'Industrie de la Pêche au Maroc (*Rev. Gén. des Sciences*), avril 1914.

extrêmement intéressante, car elle est composée à la fois d'espèces de l'Atlantique nord, de la Méditerranée, des côtes de la Mauritanie et du Sénégal. Il y a donc un mélange curieux de faune de mers froides et de mers tropicales qui, de même que sur les côtes mauritaniennes, trouvent là un ensemble de conditions biologiques éminemment favorables à leur développement d'abord, et ensuite à la nourriture des alevins, puis des adultes, grâce à la quantité énorme de plankton qu'on rencontre presque constamment sur ces côtes privilégiées ».

Et plus loin : « Les fonds de la côte marocaine atlantique, constitués en grande partie de sables coquilliers, de sable vaseux et de vase avec quelques têtes rocheuses disséminés et encore assez mal repérées, se montrent éminemment propres au chalutage à vapeur ».

Ces constatations sont grandement encourageantes, si on les met en parallèle avec les résultats obtenus depuis moins de vingt ans, précisément dans les parages de la Mauritanie, citée ici, et l'essor du Port Etienne, dans le voisinage du Cap Blanc.

Jusqu'à présent, c'est le port de Fedhala, un peu au nord de Casablanca, qui paraît attirer la préférence des chalutiers à vapeur à cause de sa baie bien abritée et accessible; mais il sera moins facile, fait remarquer l'Administration du Protectorat, de s'y procurer l'huile nécessaire, que par exemple à Agadir, situé sur une côte extrêmement poissonneuse et qui, opportunément, se trouve non loin de la zone de l'arganier, dont le fruit peut donner l'huile d'argan en grandes quantités.

Depuis quelques années les grands chalutiers français de Boulogne et d'Arcachon, et des chalutiers anglais, fréquentent la côte marocaine sans y aborder: ils recueillent le poisson, le conservent dans la glace et regagnent leur port d'attache. Ce procédé de pêche un peu simpliste doit être amélioré aujourd'hui.

De nouvelles compagnies de chalutage à vapeur se constituent actuellement avec leur siège soit à Fedhala, au Maroc, soit en France, avec de grandes chances de réussir.

La désignation d'Agadir comme port principal de la pêche

est peut-être prématurée, mais tout est à créer, à organiser au Maroc, et il faut prévoir l'avenir; puis il y a précisément dans la même région le port de Mogador que l'on pourrait utiliser aussi.

Les ressources ichtyologiques de la côte atlantique sont abondantes et variées. Malgré ces richesses, le rendement de la pêche est encore très faible, la consommation locale en poisson est peu importante, négligeable pour les indigènes, plus appréciable pour les colonies européennes qui habitent les villes. Toutefois, une tradition coutumière est à retenir : à Azemmour, à l'embouchure de l'Oum-er-Rbia, au moment de la montée des aloses, les pêcheurs envoient chaque année un tribut de cent aloses au sultan — présent symptomatique qui est en même temps un impôt.

Parmi les poissons capturés le plus habituellement, les plus abondants sont la daurade et le merlus — le colin des Parisiens —, puis le pageot — qui n'est qu'une variété de daurade —, la bonite, le grondin rouge, la raie, le maquereau, la sardine, l'anchois, la sole. Les mollusques sont rares; il n'y a pas d'huîtres et peu de moules, mais, en revanche, les crustacés, homards et langoustes existent en grandes quantités, que les pêcheurs bretons ont commencé à exploiter.

En général, c'est le Sud, la région de Mogador et Agadir, qui est le plus riche en poissons, quoique la sardine se pêche surtout dans les parages de Fedhala à Rabat. Une usine de préparation de la sardine en conserves serait ainsi tout indiquée à Fedhala.

Le jour où la grande pêche sera pratiquée industriellement au Maroc, le pays tirera des ressources importantes du poisson conservé ou séché. Les déchets constituent un excellent engrais pour les cultures, et la farine de poisson donne un aliment que le bétail consomme avec avidité, mais aussi bien pour l'un que pour l'autre de ces produits, il est absolument indispensable de déshuiler le poisson; ce déshuilage se fait facilement par des procédés chimiques connus. Une usine de déchets de poissons nécessite, il est vrai, des frais assez considérables d'installation et de personnel, mais le profit en est élevé. Cent tonnes de sardines donnent environ trente tonnes de déchets, et, de plus, tous les poissons inutilisables pour la consommation y trouvent leur emploi. Les sous-produits eux-mêmes, huiles et graisses extraites, sont de vente courante. Des études dans ce sens ont déjà été faites. Et, à Tanger, il existe depuis quelques années une sardinerie qui donne de très bons résultats.

Le régime douanier des produits de la pêche est le suivant: Les poissons frais débarqués du bateau pêcheur, arrivant en droiture du lieu de pêche, sont exempts de tous droits de douane à l'introduction. Quant aux produits de la pêche exportés, poissons frais, secs, salés, fumés, marinés ou à l'huile, ils sont frappés à la sortie d'un droit de 5 pesetas hassani par kantar, de 50 kilogrammes environ.

CHAPITRE X

LES MINES

Le Maroc minier nous apparait encore comme un mythe ; les passions, les désirs s'en sont mêlés; sur quelques apparences on a souvent édifié des mirages, peut-être aussi des réalités ! Tout est à vérifier, à contrôler minutieusement, et, de ce côté, les prospecteurs compétents ont encore devant eux un champ d'action illimité. Avant la guerre, les frères Mannesmann, dont tout le monde parle quand on aborde ce sujet, avaient tenté d'ébaucher une sorte d'accaparement des gisements miniers réels ou supposés du Maroc. La légende s'est bâtie seule et sera difficile à démolir; la vérité sera lente à se révéler. Mais les espérances sont grandes et néanmoins paraissent fondées. Il y a une large place à prendre pour les sociétés d'études françaises, qui devraient se constituer rapidement, et qui, ultérieurement, devront se transformer en sociétés d'exploitation sur des bases sérieusement déterminées avec des moyens d'action appropriés.

Géologiquement, le Maghreb n'est que le prolongement de l'Algérie et de la Tunisie; par conséquent, les probabilités les plus raisonnables, les plus logiques sont en faveur d'une richesse minière analogue. On doit retrouver et le fer magnétique de Mokta-el-Hadid et l'hématite de Beni-Saf, et les phosphates de Gafsa ou de Morsott et le plomb de Kef-oum-Teboul, et le cuivre et le zinc, etc., etc.

Par contre, la houille semble devoir faire défaut, comme en Algérie, mais on annonce des gisements de pétrole dans le Sous, lequel n'est pas inconnu en Algérie puisque des sources en ont été relevées à Djidiouia, que l'on tente en ce moment même de mettre en exploitation. L'analogie probable que l'on escompte repose donc bien sur des données réelles et précises: il faut maintenant vérifier ces données.

On en est encore aux suppositions, aux légendes, aux récits amplifiés de voyageurs ou d'indigènes, et c'est contre cet entraînement irréfléchi qu'il faut réagir. Le moindre affleurement d'un métal devient un gisement puissant. Beaucoup d'affirmations semblent corroborées par les faits: les vallées de l'Atlas, et toute la région des versants depuis Guercif et Taza jusqu'au Goundafa sont sûrement minéralisés en de nombreux points, mais jusqu'à quel degré les gisements sont-ils exploitables? Il y a notamment beaucoup de fer connu dans le Riff, aux environs de Mélilla, dans le Maroc oriental, dans le Sous, du cuivre à Taroudant, du plomb dans le Moyen-Atlas. Mais va-t-on trouver un nouvel Ouenza comme tant de spéculateurs l'espèrent? Et j'évite intentionnellement de parler ici des mines d'or et d'argent: il y en a même en France, on le sait. Il y a quelques années, on achetait des régions entières aux indigènes sur la simple possibilité confiante de la présence de minerais sur le territoire, dont on appréciait la richesse au jugé.

Il est très probable que l'on trouvera des phosphates assez riches pour être exploités en certains points où affleurent les terrains éocènes, à El Boroudj, au sud de Casablanca, dans les terrains pliocènes marins du littoral, entre Kénitra et Mazagan, où des puits ont déjà donné des promesses sérieuses; du pétrole dans les miocènes; mais l'analogie géologique, qui est un indice, n'est pas la certitude de l'identité.

Jusqu'à ce jour, la région du Sous est la terre promise des mines: toutes sortes de minerais et le pétrole y sont annoncés. Agadir doit devenir un grand port d'exportation: on en étudie les plans, on s'apprête à le construire.

Bien des gens, que l'on peut considérer comme compétents, des ingénieurs, m'ont affirmé que la structure géologique du pays ressemble à celle de la Roumanie. D'où ces espérances.

Etant données les circonstances qui ont précédé l'établissement du Protectorat sur le Maroc, les accords qui résultaient de l'acte d'Algésiras, le régime minier a été pénible à établir, et il a dû, lui aussi, consacrer la liberté de la concurrence internationale pour la concession des mines.

C'est le dahir du 19 janvier 1914, qui a réglementé la recherche et l'exploitation des mines en général au Maroc, et le règlement est plus ou moins imité du système tunisien, qui donne à l'Etat la libre disposition des mines, alors que le régime métropolitain ou algérien est plus rigoureux. La loi du 21 avril 1810, à peine modifiée par celle du 27 juillet 1880, permet à l'Etat de choisir à son gré le concessionnaire de la mine, en la considérant comme une propriété distincte de celle de la surface. Au Maroc, le principe fondamental est que la mine doit aller « à la priorité de la demande », principe consacré d'ailleurs par plusieurs législations coloniales.

Le règlement de 1914 distingue entre les mines proprement dites, auxquelles il s'applique, et les carrières et tourbières dont l'exploitation est laissée aux propriétaires du sol sous les simples obligations édictées par des règlements de police. Le dahir réglementant l'exploitation des carrières porte la date du 5 mai 1914.

Les gisements de phosphates et nitrates, dont ne parle pas la loi française, sont visés par le règlement marocain comme par le règlement tunisien, et sont soumis à un régime spécial. On en a fait des carrières dépendant du domaine public. Ils ne peuvent être concédés que par adjudication publique portant sur le taux d'une redevance par tonne exploitée, distincte des taxes générales, les droits de l'inventeur se réduisant à recevoir une fraction de redevance pendant quinze années.

Le Gouvernement, d'autre part, se réserve complètement les mines de sel, ainsi que l'exploitation des salines sur le bord de la mer.

La recherche des mines, en principe, est libre, mais le droit exclusif de recherche est acquis à la priorité de la demande. Toute délivrance de permis de recherche porte sur un carré de 1 à 4 kilomètres de côté, et est valable pour trois ans, et non renouvelable. Tout permis de recherche reste, pendant sa durée de validité, négociable et cessible, en payant un droit de transmission de 300 francs. Il donne à son titulaire le droit exclusif de vendre les produits de ses recherches et d'obtenir un permis d'exploitation. Les redevances afférentes à ces permis sont: une taxe superficiaire de 0 fr. 20 par hectare et par an, et les droits d'exportation des minerais, s'il y a lieu.

Les permis d'exploitation accordés par dahir chérifien portent sur une superficie de 100 à 2.000 hectares et ont une durée illimitée. Des cartes des lieux doivent accompagner les demandes. Une même société ne peut cumuler dans ses exploitations plus de 60.000 hectares. Il est spécifié, en outre, que ces permis ne pourront faire obstacle aux droits coutumiers dont jouiraient les indigènes pour certaines extractions.

Les charges qui pèsent sur les permis d'exploitation sont les suivantes: taxe fixe de 500 francs, taxe annuelle variant de 1 franc à 3 fr. 50 par hectare, suivant la matière, et taxe de sortie, 3 à 10 % *ad valorem,* sur l'exportation des minerais.

A cette réglementation sont jointes des dispositions transitoires qui sont, comme le règlement lui-même, l'aboutissement de laborieuses discussions, et qui ont pour objet de régler les litiges et réclamations antérieures à la promulgation du dahir de 1914. Une commission arbitrale de trois membres, l'un nommé par le Maghzen, l'autre par la puissance de laquelle ressortissent les intéressés, et le troisième, sur-arbitre, par la Norvège. Les frères Mannesmann, ou leurs affiliés, n'ont pas déposé moins de 230 requêtes sur 290, et leurs revendications s'étendaient sur des régions entières; c'est pour achever cette épuration qu'au moment de ma visite au Maroc, en 1916, on ne donnait pas de permis de recherches.

L'application du règlement est d'ailleurs limitée par des arrêtés viziriels aux régions où la sécurité est assurée. Ce qui explique pourquoi la publication de ce règlement n'a pas été suivie de l'afflux de demandes auquel on aurait pu s'attendre.

En résumé, le Maroc minier est encore à créer, mais il se créera sûrement et sera l'un des éléments les plus certains de sa mise en valeur et de sa prospérité. La main-d'œuvre ne fera pas défaut; les ingénieurs, les administrateurs et les contremaîtres devront seuls être appelés de France, et ce seront de bons éléments de colonisation.

CHAPITRE XI

L'INDUSTRIE

Un pays tel que le Maroc, qui vivait depuis de longs siècles dans l'isolement, presque sans contact avec le monde extérieur ou n'ayant avec les autres pays que les relations strictement commandées par la nécessité, n'avait jamais développé sur son territoire que les industries domestiques conformes à ses goûts et à sa civilisation. L'exportation des peaux de chèvres, puis celle des peaux de mouton et de quelques grains, balancée par l'importation de farines et de sucre de Marseille, de bougies anglaises et de quelques étoffes ont longtemps été à peu près les seules manifestations de la vie extérieure. Il a donc vécu économiquement sur lui-même et en lui-même. Il n'avait pas même une colonie européenne ni à Tanger, ni à Mazagan, ni à Mogador, à part les consulats, qui pût l'orienter vers d'autres idées.

C'est l'occupation française qui seule a pu changer cet état de choses et lui apporter ce puissant stimulant de la vie moderne qui transforme tout. Nous sommes donc arrivés, en 1907, dans un pays qui retarde sur notre Europe de deux siècles environ, sans voies de communication, sans ports, sans mines exploitées, mais non dans un pays sauvage. C'était le Moyen-Age, sans l'effervescence de la Renaissance.

Quoique très concentré économiquement, le Maroc avait cependant dû suffire à ses propres besoins ; ses industries locales étaient relativement actives, ses corps de métiers comptaient des ouvriers habiles, on les retrouve encore qu'il s'agisse de broderies, de poteries, d'orfèvrerie fine, de sculpture sur bois ou de moulages en plâtre. Les Marocains ne connaissent pas la scie à ruban ni le rabot, mais leurs maçons, leurs forgerons connaissent leur métier, ils savent construire des palais somptueux, des mosquées, et les décorer. Ils fabriquent des armes, des fils, des étoffes, des tapis; ils tannent merveilleusement le cuir et connaissent la teinture aux couleurs naturelles: tournesol, cochenille, orseille, écorce de grenadier. Toutes les industries sont concentrées dans les villes, et, à ce point de vue, Fés est bien la capitale du pays, par ses moulins à farine et par toutes ses industries; mais à Rabat, à Safi, à Mogador, à Marrakech, à Tétouan se retrouvent aussi de nombreux ouvriers et de bons spécialistes. On ne connaît que le petit atelier familial; c'est pourquoi le Protectorat tente un grand effort en ce moment pour maintenir l'habileté et la réputation des ouvriers de métiers en encourageant l'enseignement professionnel.

Naturellement l'industrie européenne moderne a depuis cinquante ans considérablement révolutionné la situation ancienne: les cotonnades anglaises, les soieries lyonnaises, les chéchias de Trieste ont tué les fabrications locales ; les fils, le papier, la quincaillerie, les aciers bruts ou ouvragés, les porcelaines, les jouets, les lainages viennent de France ou d'Angleterre, de même que les plateaux, les services à thé que l'on considère cependant comme articles caractéristiques de l'industrie indigène !

Puisque le pays s'engage dans un renouveau de constructions urbaines ou rurales, il est probable que c'est par ce côté domestique utilitaire que va commencer l'installation de la nouvelle industrie : habitation, éclairage, ameublement, boissons gazeuses. Le pays disposant de beaucoup de chutes d'eau — à aménager suivant un plan général étudié — pourra utiliser sur une large échelle le transport de la force et de l'éclairage à distance. Dans cet ordre d'idées, l'industrie électrique a un grand avenir devant elle, d'autant mieux assuré que les combustibles sont déficients. Les fabrications d'exportation ne pourront être tentées que plus tard, si les matières premières trouvées dans le pays s'y prêtent, mais la fabrique, l'usine ne s'ouvriront guère qu'après la mine, sauf en ce qui concerne les possibilités d'huilerie, de meunerie et d'égrenage du coton.

CHAPITRE XII

LE PEUPLEMENT DANS LE BLED ET DANS LES VILLES

Seuls les cultivateurs, régisseurs et quelques agents de culture portent leur activité dans le bled; quant aux ingénieurs, entrepreneurs, chefs de chantiers, ils ne font que passer sur un chantier pour construire une route, un pont, pour établir une prise d'eau. Il n'y a pas encore de colonisation officielle — à peine quelques lots ont-ils été aménagés en vue de l'installation de colons agricoles, mais ce genre de peuplement avec les professions annexes qu'il comporte normalement : épiciers, forgerons, hôteliers, barbiers, etc., ne recevra un appoint sérieux qu'avec le développement des travaux publics, et surtout des chemins de fer. A cette période, les villages se créeront spontanément en des points bien choisis, au croisement des routes ou dans les régions de culture européenne et à portée des fermes. Quelques créations françaises en Algérie, officielles ou spontanées, ont été heureusement conçues cependant : Châteaudun-du-Rummel, Vialar, Affreville, Bordj-bou-Arréridj, St-Denis-du-Sig, Sidi-bel-Abbès, Jemmapes, Orléansville, et tant d'autres, sont des témoins puissants. Il est vrai qu'en Algérie (1) on a pu, depuis l'occupation, disposer de terrains de diverses origines pour y installer des colons; en Tunisie, où rien de semblable ne s'est produit, on s'est borné à vendre quelques terrains domaniaux ou à en acquérir sur

(1) M. de Peyerimhoff. — Enquête sur les résultats de la colonisation officielle. Alger, 1906.
Emile Garcin. — La Colonisation officielle en Algérie sous le régime du décret du 13 septembre 1907. Alger, 1913.
François Bernard. — La Colonisation officielle en Algérie. Montpellier, 1914.

les fonds d'une caisse de colonisation plus ou moins inspirée du système Wakefield; mais le peuplement européen a été loin de prendre le même essor qu'en Algérie, sauf en ce qui concerne la grande colonisation agricole qui a admirablement réussi en tant que colonisation disséminée, d'où conséquence: pas de villages créés administrativement.

Donc, déduction obligatoire, la colonie européenne qui a afflué au Maroc depuis 1907 s'est portée à peu près entièrement dans les villes, l'agriculture n'ayant guère dispersé sur tout le territoire qu'un millier de colons environ, Français surtout, puis Espagnols et Italiens.

En 1907, quand la France prit pied au Maroc atlantique, il y avait en tout dans le territoire qui constitue notre portectorat acuel 250 à 300 Européens appartenant aux personnels consulaires, au commerce, ou rattachés à quelques entreprises de travaux publics en qualité de directeurs ou d'ouvriers. Puis, avec le débarquement des troupes françaises, le pays est graduellement envahi par les boutiquiers, les spéculateurs et les ouvriers; c'est Casablanca qui en profite le plus largement. A la fin de 1907 on estimait à 1.000 le nombre des Européens dans cette seule ville, en 1908 à 3.200, en 1912 à 5.700, à 20.000 en 1913 après l'établissement du protectorat. La progression continuait sans arrêt; la guerre semble l'avoir cependant ralentie, non pas arrêtée, depuis les débuts de 1915.

A l'heure actuelle, sur 48.500 Européens dénombrés dans la zone française, on compte 26.000 Français (plus que la Tunisie après vingt ans de protectorat), 9.600 Espagnols et 8.800 Italiens, et 1.100 Anglais ou Maltais ou Gibraltariens. Casablanca est devenue une grande ville européenne, une sorte de métropole commerciale, un grand marché ; à côté d'elle, Rabat, la capitale officielle enregistre 5.000 Européens, sur lesquels 3.200 Français, et Oudjda, dans le Maroc oriental, accuse sensiblement les mêmes nombres. Ces chiffres révèlent une progression quintuple de celle de la Tunisie.

Le Maroc vraisemblablement s'en tiendra à la méthode tunisienne: ventes domaniales et caisse de colonisation. Il ne s'engagera pas dans la création de centres de colonisation par allotissement de terrains domaniaux qui facilitent tant l'assimilation, mais aidera ceux qui se forment spontanément près des gares, au croisement des routes, par l'adduction d'eau, la construction d'une maison commune avec l'école, bref l'exécution des travaux imposés par les circonstances elles-mêmes: ce qui est prévu déjà sur une dizaine de points indiqués par le jeu des intérêts nés ou à naître, et par la circulation.

Le Protectorat semble vouloir se borner à suivre la poussée de la colonisation, il s'expose à d'impossibles retours en arrière et serait mieux inspiré en s'associant tout au moins à l'effort privé pour le stimuler et surtout le diriger. Ce qu'il a fait d'ailleurs à Kénitra, à Dar-bel-Hamri, à Mechra-ben-Abbou entre bien dans cette voie. Doit-il lui-même assumer toute initiative? ce serait illogique; mais il ne peut se désintéresser absolument d'aucune.

Pour la colonisation purement agricole dans le bled, il n'y a guère qu'à la laisser agir librement, ainsi qu'elle le fait activement depuis bientôt dix ans. On constate même avec satisfaction qu'elle est essentiellement française: métropolitaine sur le versant atlantique, plus spécialement algérienne dans le Maroc oriental.

Le Maroc oriental, lui, mieux connu, plus à portée de nos colons algériens, a donné le branle et le bon exemple tant par l'importance que par le nombre des entreprises qui embrassent déjà plus de 40.000 hectares de culture, et ce mouvement d'emprise est loin de se ralentir. Dans la Chaouïa, laissant de côté la banlieue immédiate de Casablanca livrée aux maraîchers, les colons agricoles, au nombre d'une centaine, ont acquis en général des fermes de moyenne étendue, inférieures à 100 hectares. Et dans les régions de Rabat-Salé et du Sébou on retrouve les mêmes tendances. Dans le sud, chez les Doukkala, les Abda, à Marrakech, à Meknès, partout où les communications sont encore difficiles, les achats de terres restent rares jusqu'ici. La conséquence apparaît à côté de la cause et indique immédiatement le moyen d'y remédier et d'attirer les capitaux et les cultivateurs : faciliter la circulation. Aux Etats-Unis, au Canada, en Argentine la colonisation agricole marche avec la locomotive; c'est le développement des voies ferrées qui la règle. On ne peut qu'être satisfait de voir le Maroc s'engager résolument dans la construction des chemins de fer. En outre du Tanger-Fés, 1.080 kilomètres de lignes viennent d'être concédés.

Mais n'est-il pas à propos de rappeler ici les nombreuses complaisances de l'administration tunisienne chaque fois qu'elle était sollicitée d'aménager une piste, d'ouvrir une route qui devait faciliter l'établissement d'une entreprise nouvelle ? Elle ne s'est jamais refusée à confondre autant qu'il se pouvait l'intérêt général du pays avec l'intérêt particulier des colons, et cette confusion volontaire a tourné au profit d'une rapide mise en valeur du sol et des mines, et assuré du trafic aux voies ferrées et aux ports. L'effort fait sur les seules routes a semé la vie dans tout le pays. Et cela, les administrateurs actuels du Maroc le savent bien. On peut objecter que c'est la grande colonisation, la colonisation riche, qui profite le plus directement de cette méthode de gouvernement, mais la petite colonisation, toujours plus lente à venir, qu'il faut aller chercher souvent, en bénéficie indirectement aussi; les postes, les routes ne s'ouvrent pas pour les riches seulement, et ce sont ceux-là qui apportent les plus grands capitaux, qui paient les plus lourds impôts, distribuent la plus grande somme de salaires, activent le plus sensiblement la vie économique d'un pays neuf.

Quant à la colonisation proprement urbaine, c'est la plus facile; elle ne demande que trois conditions : la paix et la sécurité dans le pays, des mesures de conservation ou de transition concernant le passé des choses ou des institutions qu'il faut transformer, des vues prévoyantes pour l'avenir. Il n'est ni trop tard ni trop tôt pour agir: on a d'ailleurs bien commencé dès les débuts du Protectorat: toute la législation promulguée depuis 1912 et la réglementation qui en découle témoignent de ces préoccupations. Mais les immigrants qui se portent dans les villes sont très mêlés; ce sont des spéculateurs, faiseurs d'affaires disposant de capitaux ou en cherchant, des ouvriers en quête d'un salaire et des fonctionnaires, tous enfiévrés, rêvant d'activité et non de repos, en somme de bons éléments pour un pays neuf. On l'a vu plus haut, sur 48.500 Européens dénombrés au Maroc en 1915, les étrangers ne dépassent pas 22.000 en nombre et sont en grande majorité des ouvriers sans pécule, de sang latin, faciles à nationaliser, ainsi que la preuve en est faite en Algérie, et qui s'engagent comme manœuvres, ouvriers terrassiers, acceptent toute occupation qui se présente à eux. C'est presque exclusivement ce que les Anglais appellent le *unskilled labour*.

Les villes dans cette période de création d'une colonie sont en effervescence perpétuelle, mais néanmoins faciles à gouverner. On a commencé à leur constituer des administrations embryonnaires (v. Ch. IV), qu'il faut compléter peu à peu. Il faudra arriver rapidement à instaurer de véritables administrations municipales. Elles avaient déjà un corps de police, en avril 1917 on les a dotées de sapeurs-pompiers (dans toutes les villes où leur organisation semblera nécessaire), et, en mai, on vient de donner une base solide aux budgets municipaux en fixant les taxes qui peuvent être établies par arrêté municipal. Ce sont les suivantes:

« Taxe sur les véhicules, taxe sur les chiens, taxe de balayage, taxe d'abatage, taxe sur les viandes foraines, taxe de visite vétérinaire, droits de porte (sauf à l'entrée par mer); droits perçus sur les marchés et lieux de vente publics, droits de voirie, droits de terrasse et d'empiètement sur la voie publique, taxe sur les colporteurs et étalagistes vendant sur la voie publique.

« Taxe sur les cafés maures, droit de stationnement sur les voitures de place, taxe de spectacle, taxe d'entretien des chaussées, trottoirs et caniveaux; taxe d'entretien des égouts et taxe de raccordement à l'égout, contributions aux dépenses d'aménagement des chaussées, trottoirs et égouts, lorsqu'elles sont effectuées par le budget municipal, droit de visite sanitaire au dispensaire des filles soumises, produits de la vente de l'eau, de la fourrière, du poids public, des cimetières autres que les cimetières musulmans, et, en général, de tous les services dont la ville a la charge. »

Les recettes assurées, les dépenses seront plus faciles à ordonner et à contrôler. C'est la vie municipale installée dans tous les centres urbains. Il ne reste plus qu'à nommer les magistrats municipaux et des commissions administratives.

On a commencé dans tous les centres à arrêter les grandes lignes du développement urbain, prévu ou projeté des villes européennes afin d'éviter la destruction des villes indigènes — ce qui n'est qu'un dommage léger quand il s'agit de constructions sans caractère, — mais surtout de monuments ou édifices quelconques présentant un intérêt historique ou artistique, ce qui serait un dommage très grand. Il faudra néanmoins aérer le vieux Fés, comme il a fallu élargir quelques voies de circulation à Tunis; on aura même intérêt à dégager beaucoup de mosquées et de palais indigènes comme nous le faisons en Europe pour nos monuments civils ou nos églises; il faut construire des égouts, ménager l'adduction des eaux potables, installer le gaz — plus tard, quand le moment sera venu — et toutes les canalisations modernes qui caractérisent les villes salubres. Ces travaux d'aménagement se confondent plus ou moins avec ceux des villes nouvelles que l'on trace avec raison, à côté des anciennes et en dehors d'elles. De beaux boulevards sont prévus partout, circulaires ou rayonnants, amorcés pour la plupart. On a tracé avec assez de soin le plan du développement futur des cités modernes: Casablanca, Fés, Marrakech, Meknès, Kénitra, Dar-bel-Hamri m'ont le plus frappé à ce point de vue; il fallait aller au plus pressé. Les parcs et les jardins n'existent encore que par leurs emplacements réservés, comme ceux des monuments publics.

La spéculation sur les terrains à bâtir dans ces conditions s'est donné libre cours; elle était inévitable. Et c'est à Casablanca, la métropole, qu'elle a atteint son maximum, comme c'était à prévoir; là, des terrains achetés sur la base de quelques centimes le mètre carré en 1907, se sont revendus quelques francs en 1909-1910, et des centaines de francs en 1914. Casablanca est dotée d'un plan définitif d'agrandissement — quelque chose comme le plan régulateur de Barcelone ou l'ancien plan Haussmann, de Paris, sous le second Empire — dû à l'architecte Prost, qui n'embrasse pas moins de 6 kilomètres carrés. L'important dans ces prévisions, c'est de ne pas se tromper sur les emplacements dits centraux, c'est-à-dire ceux des cafés, banques, et des grands magasins. Or, bien qu'on m'ait fait entrevoir le futur centre de Casablanca bien loin, à un kilomètre de la place de France, je persiste à penser que les cafés, restaurants, banques, grands magasins qui y sont déjà installés, combinés avec le voisinage du port et de la ville indigène, consacreront définitivement cette vieille place, désormais historique, comme centre du commerce local, quels que soient plus tard les emplacements du lycée, de la cathédrale, de la gare, de la bourse, de l'hôtel-de-ville ou du tribunal; c'est près de là que viendront se construire les théâtres ou concerts, les restaurants dits à la mode, etc. Dans tous les cas, l'avenir de Casablanca en tant que grande ville semble hors de discussion.

Pour Rabat, la situation est bien différente ; son développement, assuré avec la régularité de la croissance d'un arbre jeune, ne présentera que des à-coups insignifiants, car il reste basé sur le développement de l'administration, subordonnée elle-même à son extension, à l'accroissement de son personnel européen, ou indigène. Ce sera Versailles ou la plaine Monceau. Un grand parc s'impose au Rabat futur.

A plus forte raison est-il difficile de jouer au prophète à propos de Mogador, Marrakech, et même de Fès qui, elle, cependant n'attend que le chemin de fer Oran-Casablanca pour devenir un grand centre, indigène surtout, mais non délaissé par les Européens. Son boulevard circulaire en voie d'établissement m'a paru une heureuse conception.

En tant que ports de commerce, Casablanca restera le plus

grand port du pays, puis Mogador, Safi, Mazagan et Kénitra consolideront leurs places secondaires tant à l'importation qu'à l'exportation parce qu'ils correspondent chacun à des intérêts précis, à une sphère d'action bien délimitée. Tanger ne peut que devenir un grand port d'escale pour les longs courriers et une étape de touristes, à cause de ses eaux, de ses approvisionnements, et surtout de sa situation. Il est moins bien placé que Casablanca par rapport au territoire marocain pour devenir un grand entrepôt commercial de centralisation et de répartition des produits. Et Agadir, le futur port des mines, sera le Sfax ou le Bilbao du Maroc, si les espérances actuelles sur le Sous ne sont pas déçues. Nous savons :

That the bright hopes of to day
May be dispelled by next morn'.

CHAPITRE XIII

LA MISSION DU PROTECTORAT

Dans cette œuvre immense de régénération du Maroc, commencée en 1912 et menée hardiment par la France, il n'y a qu'à admirer l'esprit d'initiative et la puissance de décision de tout le mécanisme du Protectorat, depuis le chef, le général Liautey, jusqu'au plus humble rouage administratif: l'impulsion est donnée, l'organisation se perfectionne tous les jours. Où en serions-nous encore s'il avait fallu des lois de notre Parlement au lieu des simples décrets ou dahirs des pouvoirs locaux ?

Il faut continuer. Et, pour cela, préciser un plan général de réformes, fixer les directives à suivre pour l'avenir, ce qui est bien la mission, l'essence même du gouvernement. Sur des bases solides on peut édifier les institutions et les parachever à mesure que les besoins et les lacunes se révèlent : il ne s'agit pas de réaliser l'utopie de Thomas Morus, mais bien de réorganiser tout un peuple et un pays moderne, vivant et agissant à travers la lutte pour la vie. Heureusement qu'il est à notre époque bien plus facile qu'il y a cinquante ans par exemple, de se guider sur les expériences des colonies récemment amenées à la civilisation, l'Egypte, la Tunisie, l'Inde. La paix qui règne au Maroc — en ne considérant que la zone pacifiée — a d'autre part beaucoup simplifié la tâche des gouvernants. Le premier recrutement du personnel lui-même a été relativement facile grâce à l'appoint important qui a été fourni par la Tunisie et un peu par l'Algérie où se retrouvent les mêmes religions et les mêmes langues et d'évolution parallèle dans un milieu physique et social sensiblement identique.

L'organisation générale du Protectorat, prévue en 1912, vient de subir une modification heureuse. Il y avait à côté du résident général, commissaire de la République française, deux secrétaires généraux : l'un pour les affaires civiles, l'autre pour les affaires du Maghzen ; le délégué de la résidence et le secrétaire général du Protectorat faisaient double emploi ; les deux fonctions sont réunies. Et l'on a désigné un conseiller du gouvernement chérifien qui sera spécialement chargé des affaires indigènes sous l'autorité du résident.

Quelles méthodes de gouvernement conviennent aux populations du Maroc ? Comment peut-on les orienter, les diriger ? Arabes, Berbères et Juifs sont assez bien connus ethniquement ; il s'agit de leur donner une impulsion adéquate à leur tempérament, de les simuler. Mais, tout d'abord, pour garder le bénéfice de leur division, il faudra les traiter séparément, ne pas arabiser les Berbères comme on l'a fait trop longtemps en Algérie : c'est une complication de plus mais pas insurmontable. L'enseignement primaire et professionnel sera notre plus puissant moyen d'action et nous permettra, tout en poursuivant les mêmes visées pour toutes les races, de réaliser une mentalité unique : la solidarité française.

Cette influence prépondérante se complète utilement par des règlements de détail concernant l'hygiène, les avantages concédés à la connaissance de la langue française, etc. Puis, plus haut, l'accès dans les conseils délibérants, les nominations aux emplois publics indigènes, conciliables avec les capacités personnelles, en un mot la participation de tous aux fonctions gouvernementales dans la mesure compatible avec l'action nécessaire de l'Etat.

Des hommes, on passe logiquement aux institutions politiques, et, au Maroc spécialement, aux institutions internationales: terrain sur lequel le Protectorat voit s'élever des difficultés aussi nombreuses que gênantes pour sa propre influence réformatrice et, par conséquent, pour les progrès mêmes du pays.

Les accords préalables nécessaires pour établir notre prépondérance politique nous ont tous coûté quelques sacrifices, et il a fallu les multiplier démesurément : en 1902, 1910 et 1912 avec le Maroc lui-même, en 1904 avec l'Angleterre, en 1911 avec l'Allemagne, en 1904 et 1912 avec l'Espagne, et enfin, le plus important de tous, l'accord sorti de la Conférence internationale d'Algésiras, qui a abouti à l'acte général de 1906 qui porte la signature de douze puissances européennes, auquel les Etats-Unis, à leur tour, viennent d'adhérer en 1917. Nous sommes donc étroitement liés et tenus; notre diplomatie aura fort à faire pour conquérir notre liberté dans le pays.

A commencer par le régime monétaire auquel le Maroc a été condamné depuis la création de la Banque d'Etat pour 40 ans, jusqu'au 31 décembre 1946, puis le régime des douanes, le contrôle de la dette, les protégés, les capitulations, l'absence de barrière entre le Protectorat français et le Protectorat espagnol, Tanger. Au fond, toutes ces questions sont solidaires et la révision de l'acte d'Algésiras entraînerait la solution de tous ces litiges en même temps.

Or précisément cette mission libératrice n'incombe pas au Protectorat, elle reste à la charge de la métropole, confiée à la vigilance de notre diplomatie française.

La tâche du Protectorat est plus spéciale, plus vaste peut-être parce que sa portée et ses conséquences doivent avoir une répercussion plus directe et plus sensible sur la vie économique du Maroc, sur sa mise en valeur: ce qui est en définitive le mobile principal sinon unique de notre intervention dans le pays.

Mais, dès lors, c'est tout un programme d'action, de détail, qu'il faut envisager, celui-là même qui a été étudié dans ce livre, qui a été esquissé déjà par le Protectorat et qu'il faut poursuivre avec énergie. Quelques précisions complémentaires — qui n'échapperont à personne d'ailleurs — fixeront mieux les idées.

Remarque préliminaire faite dans l'intérêt même de la colonisation : Combien de capitalistes n'ai-je pas vus qui sont allés là-bas à Tanger, à Casablanca, à Rabat, à Fès, et même à Marrakech, soit avec un but précis, étudier une entreprise déterminée, soit plus vaguement en quête d'une possibilité éventuelle, que l'on a éconduits poliment, sans un mot d'encouragement; d'autres, qui n'y sont même pas allés et qu'on a éconduits sans enquête. Cela, c'est la vieille tradition de tous les bureaux ministériels à Paris. Toutes les demandes de renseignements ne sont pas intéressantes, évidemment, mais quelques-unes peuvent l'être, et, dans une colonie nouvelle, ce n'est pas à décourager les initiatives qu'il faut s'appliquer, c'est au contraire à les attirer et les retenir qu'il faut s'attacher. Les branches d'activité qui s'offrent aux arrivants sont assez variées : les vers à soie, les oliviers, le coton, les mines, le commerce, l'agriculture, l'élevage, la frigorification, l'industrie hôtelière ou automobile se présentent encore et pour longtemps avec assez d'avenir pour convenir à divers individus épris d'affaires nouvelles, décidés à tenter l'inconnu ou l'incertain. Les services des renseignements, l'Office marocain du Palais-Royal sont qualifiés pour renseigner les solliciteurs et faciliter leurs enquêtes. Ils l'ont fait quelquefois. Mais sont-ce bien des commerçants. des courtiers d'affaires tels qu'ils devraient l'être qui les dirigent ? Je connais d'heureuses exceptions, au Maroc surtout, où quelques-uns m'ont paru très versés et très compétents dans leur mission, pas assez nombreuses si j'en juge par ce que j'en sais.

Distribuer des brochures, donner des adresses, c'est bien quelque chose; il faudrait s'élever jusqu'à la hauteur d'un cabinet d'études.

Et, pour être à même de renseigner les quémandeurs, il faudrait que le Protectorat fût documenté lui-même aussi minutieusement que possible sur le pays. Le tertib se perfectionne chaque année; que l'on transforme maintenant cette organisation des commissions de taxation en simples commissions d'enquête, la taxation n'y perdra rien et on arrivera en deux ou trois ans à des relevés statistiques généraux très précieux. La plupart des autres statistiques qui ne relèvent pas du tertib se dressent aisément dans les bureaux.

Dans sa sphère propre, le Protectorat doit assumer l'initiative des réformes législatives — il n'y a pas manqué et a été généralement bien inspiré; il n'est plus nécessaire de le stimuler dans cette voie: la réorganisation des finances, le tertib, le régime de la propriété, les habous, l'épuration des biens maghzen le démontrent suffisamment; dans la mesure possible il n'a pas davantage failli à son rôle en mettant en chantier un vaste programme de travaux publics: ports, routes, voies ferrées, aménagements et adductions d'eau dans les villes, postes, télégraphes et mise en exploitation des forêts.

Par ailleurs, la création graduelle de commissions, de corps délibérants qui semblent annoncer des administrations locales constituées, l'organisation des tribunaux français, de l'enseignement, des services d'hygiène, ont marqué des progrès considérables dans l'ordre des réformes sociales. Ne serait-il pas possible, puisque l'enseignement primaire est désormais organisé, de décréter à bref délai le système métrique national des poids et mesures comme seul légal pour l'avenir — en attendant la révision du système monétaire ? On sera bien obligé d'en venir là pour mettre de la clarté dans les contrats et dans les taxations d'impôt, en présence des diversités que présentent encore les mesures locales variables employées dans les provinces de l'empire chérifien. Tout cela à compléter, à amplifier, à achever à mesure qu'on en a la possibilité, mais le branle est donné.

Reste donc à préciser ce qu'il doit faire en matière de colonisation proprement dite. Au point de vue agricole, peu de chose directement, beaucoup indirectement. Directement, il a créé des haras, des stations de monte, il a organisé le service vétérinaire et la castration des mâles de mauvaise conformation, propagé les bons reproducteurs, créé des pépinières, des jardins d'essais, la ferme d'expérience de Sidi-Ali, près Mazagan: c'est tout ce qu'il pouvait faire. Mais il y a à se préoccuper du service futur des améliorations agricoles par la régularisation et l'extension des irrigations, les dessèchements et les reboisements, dans la zone littorale au moins.

Le régime des eaux est difficile à régler: la propriété en est très contestée et contestable, là surtout où elle est le mieux employée, à Fès et à Marrakech, où elle ne manque pas cependant. Les droits du maghzen, considérés comme imprescriptibles dans les mœurs et par tradition, peuvent heureusement simplifier la solution de la question, malgré les revendications des habous multiples et fréquentes. Une législation précise s'impose, si délicate soit-elle à établir. Il faudra même veiller au bon emploi des eaux de façon à éviter les gaspillages, qui sont encore difficilement prévenus et mal réprimés.

Les locations régulières de biens maghzen dans le bled, devenues aujourd'hui habituelles à Marrakech, à Fès, à Meknès et ailleurs, constituent un grand pas fait dans la voie de l'affirmation et de la stabilisation des droits de l'Etat partout où le livre foncier n'est pas encore institué et où il le sera bientôt.

L'Etat doit, bien qu'il ne fasse aucune concession foncière, veiller aux besoins présents et futurs de la colonisation ; il possède encore de grandes réserves, et doit les consolider quand elles semblent encore incertaines ou litigieuses, avec le concours même des autorités indigènes, de façon à écarter toute revendication future. Cet apurement est déjà bien avancé dans le centre et dans le sud — où, dit-on, un tiers de la terre est maghzen — à Fès, à Settat, etc.

On s'est trouvé rapidement dépourvu de terres disponibles pour la colonisation en Algérie, et il a fallu recourir à la séquestration, au cantonnement, à l'expropriation pour pouvoir continuer à établir les colons: il semble que l'on pourra presque partout éviter au Maroc l'emploi de ces moyens extrêmes qui, quelque légaux qu'on les fasse apparaître et qu'ils aient été en réalité au regard des musulmans, éveillent facilement les idées d'injustice ou même de violence. On a donc intérêt à user autant que possible des moyens de persuasion.

Les concessions agricoles aux grandes compagnies trouvent peu de sympathie au Maroc; on les accuse de « faire le vide » autour d'elles, et cela s'est vérifié en quelques points de l'Algérie. On pourrait tout au plus, dans certaines régions écartées, essayer avec elles des locations à long terme, trentenaires par exemple, avec obligation de réaliser sur leurs domaines des améliorations foncières déterminées.

Ces idées personnelles, exposées ici en forme de conclusions, ne constituent pas un programme, elles découlent simplement de l'enquête à laquelle j'ai dû me livrer en parcourant et en étudiant le pays. Et, puisque nous avons si heureusement commencé, achevons notre œuvre de régénération politique et économique, qui est une tâche civilisatrice et noble en nous attachant les populations que nous devons amener à notre commun idéal patriotique.

La plus grande France ne se comprendrait pas sans le Maghreb; nous devons en faire un pays prospère.

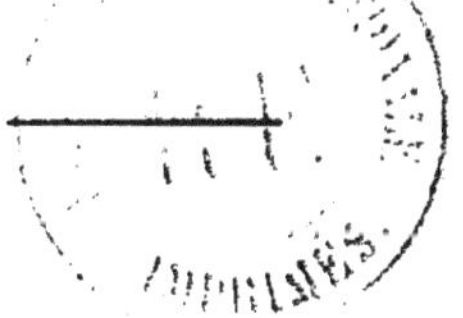

TABLE DES MATIÈRES

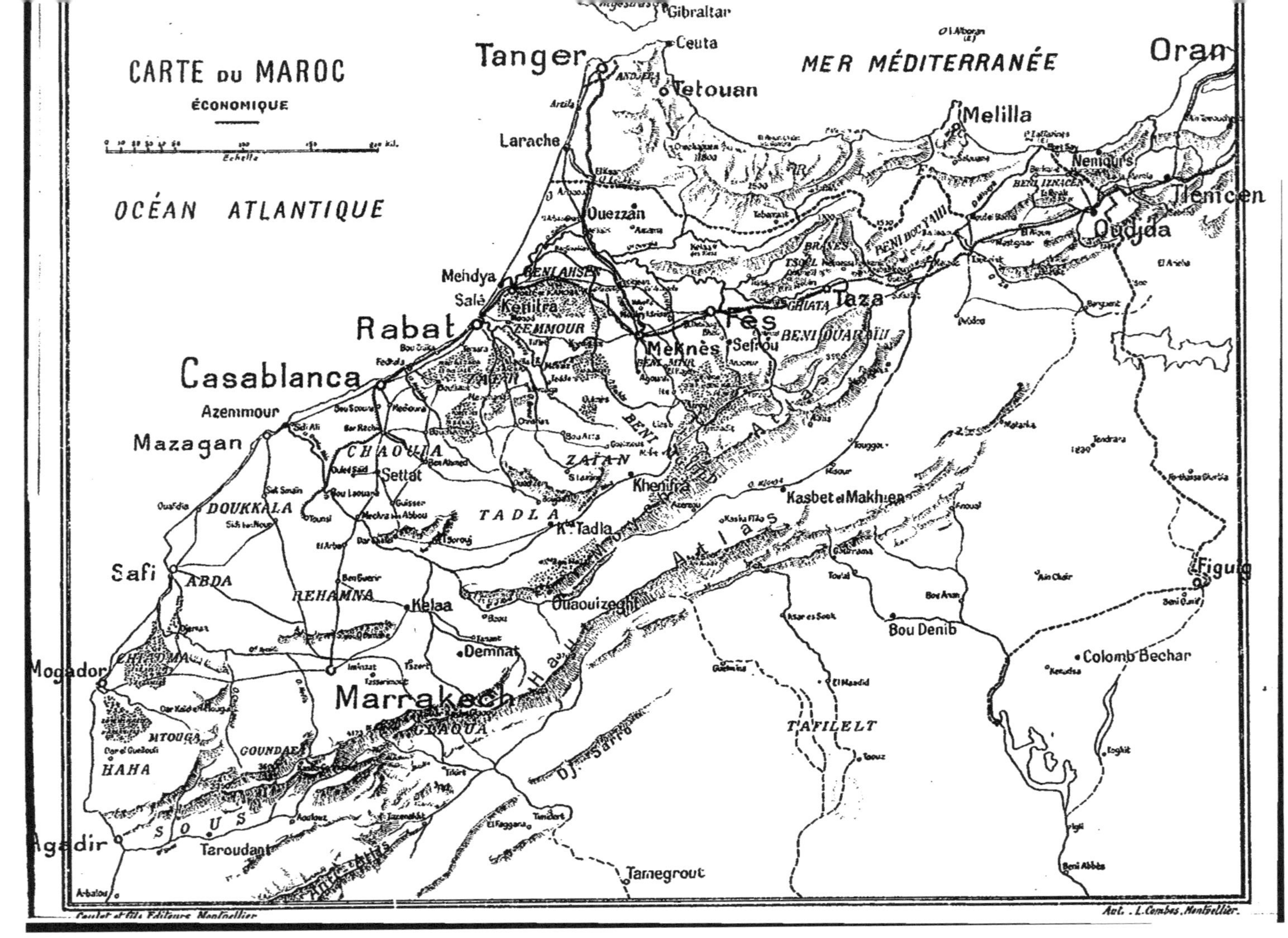
CARTE DU MAROC
ÉCONOMIQUE
Echelle
OCÉAN ATLANTIQUE
MER MÉDITERRANÉE
Gibraltar
Tanger
Ceuta
Tetouan
Larache
Melilla
Oran
Nemours
Tlemcen
Oudjda
Ouezzan
Mehdya
Salé
Kenitra
Rabat
Fès
Taza
Meknès
Sefrou
Casablanca
Azemmour
Mazagan
CHAOUIA
Settat
DOUKKALA
TADLA
Kasbet el Makhzen
Kenifra
Safi
ABDA
REHAMNA
Kelaa
Demnat
Ouaouizeght
Bou Denib
Colomb Bechar
Figuig
Mogador
Marrakech
MTOUGA
GOUNDAFA
HAHA
GLAOUA
TAFILELT
Agadir
SOUS
Taroudant
Tamegrout
Atlas
Coulet et fils Editeurs Montpellier
Aut. L. Combes, Montpellier.

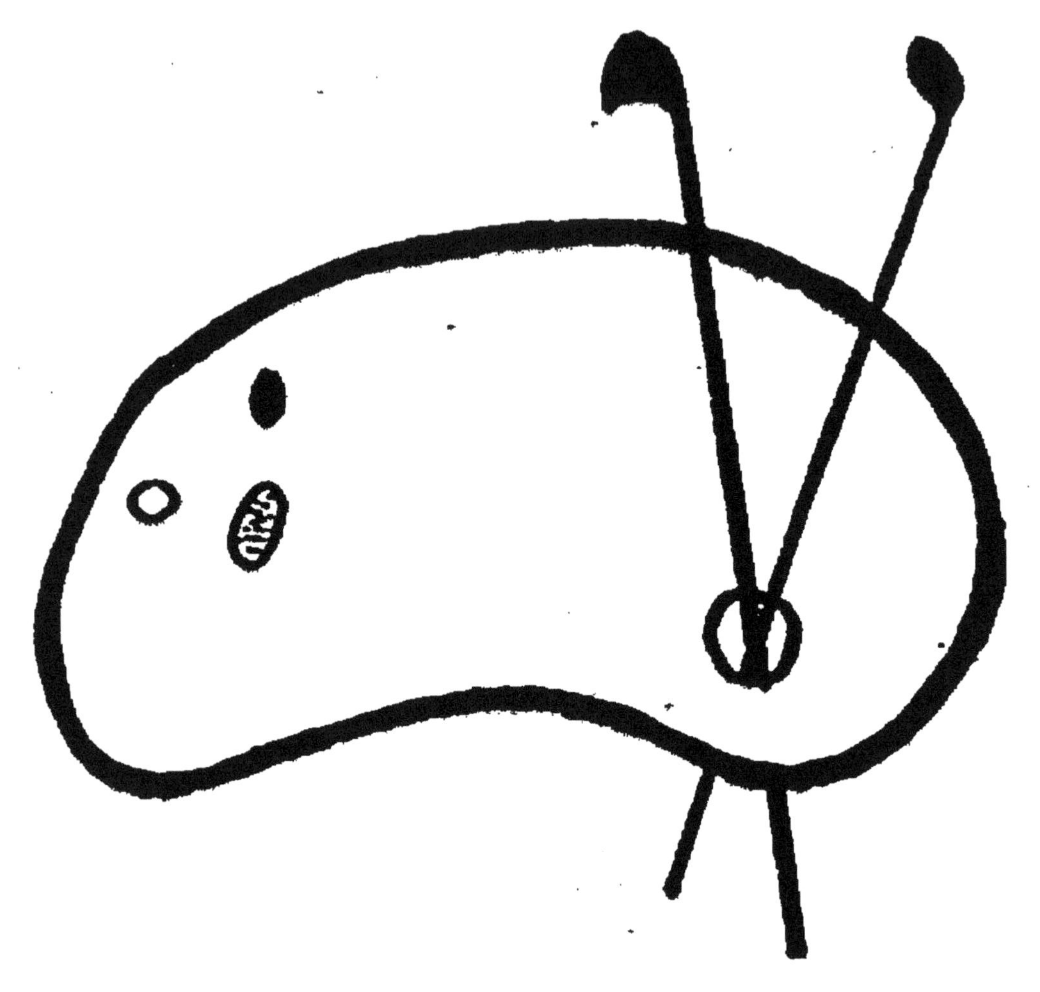

www.ingramcontent.com/pod-product-compliance
Ingram Content Group UK Ltd.
Pitfield, Milton Keynes, MK11 3LW, UK
UKHW012210240726
13966UKWH00002B/678